代書目題跋叢書》第二至四輯，共收書目題跋著作四十六種，加上第一輯的二十二種，計六十八種，極大地普及了版本目録之學。面對廣大讀者的需求，我社將該叢書陸續重版，並訂正所發現的錯誤，以饗讀者。

上海古籍出版社

二〇一八年八月

整理説明

一

《雲間韓氏藏書題識彙録》（下簡稱《題識彙録》）不分卷，近人吴縣鄒百耐纂，稿本，凡四册，今藏上海圖書館〔一〕。韓氏名應陛（一八一三或一八一五—一八六〇）〔二〕，字鳴唐，一字對虞，號緑卿，江蘇松江府婁縣人。清道光二十四年（一八四四）舉人，官内閣中書。性喜蓄書，兼及古泉書畫。著有《讀有用書齋雜著》二卷。

有關介紹韓應陛生平的文獻較少，據同治二年（一八六三）南匯張文虎所撰《讀有用書齋雜著序》，知其「少好讀周秦諸子，爲文古質簡奥」，「從姚先生春木游，得望溪、惜抱古文義法，尤究心世事」。「西人點線面體之學，莫善於《幾何原本》，凡十五卷，明萬曆間利瑪竇所譯，止前六卷。近歲英國末士偉烈亞力續譯後九卷，吾友海寧李壬叔寫而傳之，君反復審訂，授之剞劂，亞力以爲西洋舊本弗及也。外若新譯諸重學、氣學、光學、聲學諸書，君每手自校録，復爲之推極其致，往往出西人所論外，故其發之於文益奇」。《清史稿·列傳二九四》對韓應陛生平的簡短記載，似徑出於張氏此序。對於韓應陛的評價，尚有韓氏中道光甲辰恩科江南鄉試第三名之硃卷上的「本房總批」可據。該批語云：「罄澄心以凝思，渺衆慮而爲言，筆有堅光，語無泛設，非平日寢饋於諸子百家，未易臻此妙境也。詩才擷粹唐賢，經義研精漢代。綜觀五策，既殫見而洽聞；通校三場，尤涵今而茹古。揭曉後，知生家傳忠厚，學富縹緗，歷試前茅，英年食餼，久膺首薦，璅院知名。此時星燦三垣，鳴鹿啓魁垣之端；來歲花明十里，登鼇蜚翰苑之聲，於生有厚望焉。」〔三〕從考官對其學問的讚賞及仕途的期許，可增加對韓應陛的瞭解。

韓應陛收藏圖書甚富，由《題識彙録》可窺其面目。《題識彙録》著録韓氏藏書四百零六部，内宋刻本二十一部，元刻本九部，明抄本一百九十餘部（含影宋抄本一百三十餘部）。其中多批校題跋本，著名學者與藏書家如明代的姚咨、文徵明、趙琦美、張丑、朱之赤、馮彦淵、馮班、毛晉，清代的何焯、何煌、王聞遠、王士禛、葉樹廉、宋賓王、蔣杲、惠棟、錢大昕、沈欽韓、沈廷芳、顧廣圻、袁廷檮、鈕樹玉、段玉裁、周錫瓚、吴翌鳳、黄丕烈、戈載、戈襄、馮登府、張文虎等所作批校題跋，尤具文獻與文物價值。由於韓氏藏書至少有百餘種得自黄丕烈舊藏〔四〕，因此所藏黄丕烈的校跋本竟有近六十種之多，這無論在當時或現代，都是令人驚嘆的重要收藏。據繆荃孫《藝風堂文漫存·癸甲稿》卷三《華亭韓氏藏書記》介紹，韓氏藏書量遠不止此，其「玉軸牙籤，名抄舊刻，所積約十餘萬卷」，後來遭遇動亂，大部損失，「（咸豐）十年夏流寇犯松」時，「藏書版片古器書畫與所居俱燼」〔五〕，所存圖書，僅其子伯陽逃難時攜出者。

讀《題識彙録》可知，作爲一位有識見的藏書家，韓應陛不僅勤於藏書抄書，潛心版本之學，更手自校勘，多具心得〔六〕。如其曾據所藏宋刻《袁氏世範》三卷《增廣世範詩事》一卷，以校鮑廷博知不足齋刻本，發現鮑本不足，並指出其訛誤之由：「其故在不肯細看本文而輕易改抹所致。改抹處當亦自知未安，又懷不欲輕改之心，以爲較原本已善。又私心竊念作者文理或本平常，遂不復推求，而不知此由其偶不審本文之故，而非本文之文理有未善也。鮑稱善校，猶有此失，其下更未易言。」可見韓氏讀書校勘之精審。又如「宋刻《禮記》殘本九卷」條中録張爾耆跋云：「舍人（即韓應陛）近欲編輯刻書人姓名以資考證，如鑒別鼎彝古器，必徵款識以爲信，其用心可謂勤矣。」衆所周知，利用刻工鑒定版本，至清末民國始形成風氣，傅增湘、張元濟、長澤規矩也等，皆被推爲先驅，殊不知韓應陛在收藏與鑒定實踐中對此早有領悟，並有編纂刻工姓名用以鑒定版本的設想，雖然未見成作，仍足證明其識見超羣。

韓應陛在版本考訂中，不時流露出對乾嘉間吴中藏書大家黄丕烈的推崇。如其跋舊抄本《龍筋鳳髓判》曰：「此書抄手筆意，與《鐵圍山叢談》蕘圃據宋蘭揮藏本補殘字跋中定爲張充之抄者竟無二，此書亦當斷作張手抄本，惜蕘翁未經跋出耳。據此推知，讀未見書齋所收本子多有來歷，復翁一目了然，而不能遍爲署出，他人見之無從識得，可爲一歎。」又跋元抄本《宣和畫譜》云：「至此書所以定出元人手者，不知何故。惜復翁未曾作跋寫入，無從分曉。」僅此二例，足徵韓氏對於黄丕烈的服膺，在版本鑒定上已至於依賴的程度。這不僅反映了黄丕烈於古書版本鑒定的權威性與影響力，又説明韓氏藏書在内容及理念上對於清代中期吴中藏書傳統之繼承。

二

《題識彙録》不僅記録韓氏藏書題識，又過録各家藏書批校題跋，其中包含大量有價值的版本目録學知識，以下略舉數事。

就校勘學方面而言，清代藏書家校書體例在此書中多所反映。如乾隆辛丑周慶承跋舊抄本《大雅集》有曰：「竊繼先人之志，手自校閲，凡是正者四十餘條，悉以朱書小字標於上而不抹本文，蓋從先人校書之例也。其不知者不敢臆斷，仍闕之以待知者。」又如黄丕烈跋舊抄本《搜采異聞》云：「通體於字之是者旁加圈，非者、疑者旁加點，比《稗海》本衍文旁加尖角，此校之例也。」藏書家校書以保存原本面貌爲主旨的方法，於此可見一二。

從版本學方面來説，《題識彙録》中著録的個别版本，今或難以蹤跡，卻很值得留意，因其牽涉到相關版本的考訂。如所著録明影宋抄本《王建詩集》十卷，每半葉十行，行二十字，不僅其行款與現藏中國國家圖書館、上海圖書館之南宋陳氏經籍鋪刻十行十八字本有異，其卷四、卷六所收詩也較陳氏書棚本溢出多首，説明該書在宋代已有不同版本系統，對於進一步釐清明清以來各傳本的源流及面貌有所啓發。又如曾經東吴毛氏、汪士鐘遞藏的明影抄宋書棚本《丁卯集》，《題識彙録》中明確著録該本下卷目録後有「臨安府睦親坊南陳宅經籍鋪印」一行。這説明今藏上海圖書館的翁同龢舊藏宋刻本《丁卯集》，未必即前人所説的陳氏刻本，因爲該本並未殘損而不見陳氏經籍鋪刊記。再如張文虎跋明抄本《東園叢説》有云：「書中『匡』字、『貞』字、『桓』字、『姤』字，避作『康』、作『正』、作『洹』、作『遇』，又於『太宗』、『仁宗』、『高宗』、『朝廷』、『上意』等字皆提行或空格，劄子亦有提行處，當是宋本原式。惟《籌邊》條『國家祖宗』句誤連，蓋仿抄非影寫，故中亦不免脱誤也。」由此可見，前人對於「仿抄」與「影寫」是有所區别的，在鑒定與著録此類版本時不可輕率。此類史料均十分重要而鮮爲人知，理應受到版本研究者重視。

《題識彙録》中記録的書林掌故，也頗耐人尋味。讀黄丕烈跋就堂和尚手抄本《閑閑老人滏水文集》，可領略黄氏購置書籍有人所不及之門道；閲蔣之翹跋舊抄本《宋員士羅滄州先生集》，又能體會其對於借出之書遭剪剜偷竊的切膚之痛。至於韓應陛在明抄本《歐陽文忠公居士全集》等題跋中，數次提及裝書工人施春圃之名，對於留心古籍裝修史的學者，尤其是寶貴史料。

對韓應陛藏書大致瞭解之後，不禁會對葉昌熾《藏書紀事詩》遺漏這樣一位大收藏家感到不解，但這不能責怪葉氏的孤陋，原因在於韓氏處世低調，更因其英年早逝，未及於生前整理家藏圖書目録。世人對於韓氏藏書有所瞭解，已經到了民國初年。

三

最早介紹韓應陛藏書者，爲吴縣曹元忠（字揆一，號君直，一八六五—一九二三）。曹元忠於民國三至四年（一九一四—一九一五）任韓氏家庭教師期間〔七〕，曾幫助主人整理藏書，創編書目〔八〕。曹目民國初有兩種石印本問世，一曰《雲間韓氏藏書目》，附有書影若干；一曰《讀有用書齋古籍目録》，附有曹元忠所撰《藏書記》十一篇。此外，尚流傳常熟丁祖蔭淑照堂抄本，與石印本大致相同，小有出入。諸本雖粗事分類，不免仍存錯訛，於是華亭封文權（號庸庵，一八六八—一九四三）重加編訂，名曰《韓氏讀有用書齋書目》（謄清稿本今藏上海圖書館，舊作抄本），並於民國二十三年（一九三四）由瑞安陳準裒殷堂排印出版。封目對曹目分類進行調整，糾正錯訛，並在曹元忠《藏書記》中增入部分韓應陛及他人題跋，較此前諸本爲勝。但曹氏原編及封氏重訂之目，都過於簡單且有漏略，未能充分揭示韓氏藏書全貌。今人深入瞭解韓氏藏書，可資參考的是以下兩部稿本：一是今藏南京圖書館的《讀有用書齋藏書志》（以下簡稱《藏書志》），另一即鄒百耐所纂《題識彙録》。

初步推測，《藏書志》約編於曹元忠離開韓家後，下限至民國二十二年（一九三三）韓氏後人出售藏書之前。《藏書志》著録韓氏藏書計五百二十餘種（曹目系統僅著録四百八十種左右）。其體例詳記書名、著者、版本、版式行款、藏書印記，同時備録各家及韓應陛題跋。韓氏後人編纂《藏書志》的意圖，是欲補曹目之不足，不特增加數量，更由簡目轉變爲清季流行的藏書志形式。需要指出的是，《藏書志》屬未完稿本，由其第五册未編目録，可知其藏書尚有未及録入者。如今藏上海圖書館的明崇禎元年（一六二八）毛氏汲古閣刻本《周禮注疏》（清吴昕録何焯、惠士奇、惠棟校跋，沈誠燾校，韓應陛跋），《藏書志》即未收録，失收者當不止此〔九〕。

據吴梅序及鄒百耐自序，《題識彙録》編纂於民國二十二年（一九三三），即韓氏後人欲沽售藏書之時。百耐（生卒年不詳）出生於書香門第，其父詠春也喜藏書〔一〇〕。百耐自謂「少隨先侍講京寓，國變南歸。侍講公著述之暇，輒喜考訂羣籍，命司整治之役，因得略識刊籍源流」，則其涉獵版本目録之學由來已久。鄒氏後於蘇州自設百擁樓書肆，韓氏後人讓售藏書，委托其經理，可謂得人。

《題識彙録》是在遍覽韓氏藏書的基礎上，略仿《藏書志》體例，按四部分類編成，業已定稿。此書雖稱「題識彙録」，但有些圖書並無題識，書名下僅簡單著録版本、著者。原書題識，鄒氏也有所選擇而非全録。如韓應陛的題識未録入者較多，或因鄒氏認爲其時代較近，價值不高，因而與《藏書志》不同處理。《題識彙録》著録韓氏藏書僅四百零六種，較《藏書志》少百餘種。從吴梅序云「撮録諸書題識凡四百餘種」、百耐自序謂「盡讀所藏，得宋元明古本及抄校善本都四百餘種」來看，鄒氏注重善本，意在編成一部韓氏善本書目，而未録《藏書志》著録的韓氏家抄本、近刻本及過録批校本。值得關注的是，《藏書志》著録的十來種宋刻《十七史詳節》本，《題識彙録》也未采入。按常理揣度，或許《題識彙録》著録時，韓氏後人未交付該批圖書。

四

就著録數量及體例看，《題識彙録》似出於《藏書志》，是《藏書志》的一份不全抄本。但細審兩部稿本，兩者仍存在差異。

《藏書志》稿本五册，究係誰氏編纂尚不明確。兹觀其稿，鈐有「韓繩大一名熙字价藩讀書印」白文長方印，第一册前半部分的每種書名上，都鈐有「价藩」朱文方印，表明韓應陛後人韓价藩曾對《藏書志》文字逐條審核。《藏書志》中凡遇韓應陛名號，皆稱「先大父」云云，據此，《藏書志》最初當由韓繩大主持編纂。《藏書志》中有些條目上，注有「不寫」兩字，也有原注「不寫」而後又删去者。第二册《諸儒校正東漢詳節》書名上，既注明「不寫」，還鈐有「德均審定」白文方印，顯然《藏書志》曾經韓氏後人韓德均修訂。又《藏書志》原無目録，現除第五册仍未編目外，第一至四册前已寫有目録，其字體與原稿迥然不同，應屬韓德均修訂時補入。韓德均即繆荃孫《華亭韓氏藏書記》中提到的韓應陛之孫，字子穀，曹元忠編目即由其委託。從「不寫」兩字可知，德均有意最終釐定謄録成一清本，但未能卒業。

在韓氏後人欲謄清《藏書志》及準備出售藏書之前，曾請鄒百耐幫助審校過該稿。何以見得？一是鄒百耐在民國二十四年排印本《思適齋集外書跋輯存》的跋語中，有「曩歲應華亭韓氏讀有用書齋主人之徵整理藏書」之語；二是《藏書志》稿本上，除鈐有「百耐讀過」白文方印之外，還留下不少百耐的墨蹟（原稿以濃墨書寫或修改，凡淡墨校改者，頗多出於百耐之手）。如每册目録之上，百耐分别標寫出若干書名；又如修改文字時，百耐每將「先大父」改爲「韓録卿」（韓氏後人並未接受而回改）；再如，百耐閲稿時曾增加按語。書中過録《九經補韻》、《中華古今注》、《獨斷》黄丕烈題跋，後有百耐手書按語云：「此跋另用銀色素箋兩張工楷書成，爲所見黄跋中之最精者。」又如宋刻本《傷寒要旨》目録後有墨書三行云：「崇禎甲申元宵蝶庵孫道兄見惠，向置亂卷中。庚戌端節後雨如瀑布，檢出裝好，補方六道，以備參考云。」百耐眉批曰：「未署姓名，不知何人手筆。卷中缺筆，避『丸』作『圓』。此書見《直齋書録解題》，知爲李檉所撰，失傳已久，故蕘翁斷爲絶無僅有之奇書耳。」對於鄒氏按語，韓氏後人未全采納，或已用朱筆劃去。然而凡能爲此稿内容生色者，韓氏後人則仍保留。如掃葉山房刊本《大金國志》，原題「錢竹汀手校」，百耐除補録戈氏半樹齋諸印外，又作眉批云：「細審校用朱筆，與跋頗不類，或即出戈小蓮手亦未可知。閲墨眉批，可證朱筆之非出一手。」其鑒定校本頗爲審慎。又如舊抄本《道藏本道德經八種》中的《道德真經衍義手抄》，韓氏原以「手抄」兩字爲衍文，隨手墨筆删去，其朱筆句讀斷在「義」字，幸虧百耐細心，復將「手抄」兩字補入，免除了著録失誤。再如段玉裁題跋本《春秋經傳集解》，原據段跋誤作「宋淳熙丙申閩山種德堂刻本」，後改成「明覆宋淳熙丙申閩山種德堂刻本」，而「明覆」兩字恰爲百耐所加〔一一〕，而從清代直至今日，海内外藏書家與學者將此明翻本當宋本的不在少數〔一二〕。此外，對於版式、行款、印記等，百耐也多所修改補充，其例不勝枚舉。凡此種種，不僅反映鄒百耐參與了《藏書志》的修訂，而且曾據韓氏藏書校核，並據《藏書志》輯成《題識彙録》。

上海圖書館所藏《題識彙録》屬鄒氏修改稿本。除吴梅、鄒百耐序爲手書外，正文請人抄寫，後經鄒氏校改，並有「癸酉殘臘百耐初校」題識。書中「舊抄本《山村遺稿》」下文字，係百耐手抄補入。《題識彙録》因係鄒氏所編，《藏書志》中未被韓氏後人采用的修改意見，此書中有所保留，並增加了相關的掌故。如明正德絳州刊本《絳州志》後百耐按云：「此書缺卷，已從百擁樓中庋存殘帙取出配全，紙、印如一，不啻延津之合，爲近年搜羅中一大快事。」在版本鑒定方面，《題識彙録》比鄒氏修改過的《藏書志》更爲精審。如明許宗魯刻本《國語》有「蛾術老人」跋云：「此《國語》十册，字體悉從《説文》，必非坊肆俗工所爲，辨其紙板，應是宋元間物，誠善本也。」韓應陛題記略云：「右跋以爲宋元間物，當不誣也。」後來曹氏、封氏諸目録均著録此本爲「宋元間刻本」。百耐校閲《藏書志》時，曾謹慎地改作「舊刻本」，而《題識彙録》中則明確定爲「明許宗魯刻本」。原稿中有「卷末有蛾術老人跋，謂爲宋元本，韓緑卿亦謂不誣云」語，後來修改時删去。可知《題識彙録》對於版本鑒定，較之《藏書志》及曹氏、封氏諸目録有所增訂。

《題識彙録》也存在不足之處。如其著録體例，書名之下，大都先記版本，似欲强調版本特點，但也有先記著者、後録版本者。著録印章時，爲簡潔文字，每將相同類型的印章歸併著録，或疏於分辨藏家早晚，造成藏家時代順序淆亂。如「明抄本《干禄字書》」條，葉裕數方印中夾雜張紫琳、陸氏金管齋諸印；「明抄本《大唐西域記》」條，將文徵明印置於季振宜之後；「元大德刻本《考古圖》」條，將朱彝尊印置於胡震亨之前。此外，《題識彙録》著録書名、卷數、版本等，仍存在不完整或欠規範處，略嫌粗疏。此類問題，《藏書志》已存在，鄒百耐曾作校改，但整體上仍未改觀。

《題識彙録》著録的部分韓氏藏書，至今仍保存完好，有案可查。如現存臺灣「國家圖書館」的韓氏舊藏，有「國立中央圖書館」《善本題跋真跡》可資檢覽；藏於上海圖書館者，連同鄒氏此稿，也因該館提供的優良服務，使本書的整理校勘得以順利完成。

此次整理标点，以上海圖書館藏《題識彙録》稿本为底本，並據南京圖書館提供的《藏書志》電子掃描件核對，又參考利用了相關文獻。《題識彙録》原稿按四部分列，未分門類，今仍其舊。原稿目録分置各部之前，現爲便檢閲，統一歸併於書前。目録與正文略有出入，則以正文爲準，對目録稍作補正。原稿中俗體字酌加統一爲規範字。原稿中明顯之錯字、別字及衍文均加「（　）」，而改正、增補字及説明則加

「□」。原稿中習見之避諱字逕改，不出校記。疑誤之字未逕改者，則用「□」以示闕疑之旨。囿於識見，錯訛難免，尚祈讀者不吝匡正。

注

〔一〕各册原題「雲間韓氏讀有用書齋藏書題識彙録」，後遵從吴梅之意，圈去「讀有用書齋」五字。吴氏手書之序，首葉空白處有其致鄒百耐數語云：「尊稿四册，來京時僅攜首册，爲作序地步。兹先將此文及自序（改稿）兩篇寄上。原稿首册亦寄上，别郵寄奉。尚餘三册在家，已屬大兒賡堯檢出送上也。百耐弟大鑒。霜頓首。書名宜照此爲要。」

〔二〕考韓應陛之生日有兩説：其一，檢道光二十四年甲辰恩科江南鄉試朱卷，其履歷題「嘉慶乙亥年五月初一日吉時生」。其二，檢上海圖書館藏韓氏家抄本《章子留書》、《新參梅花泉全譜秘本》，分别鈐有大小不同的「韓應陛字鳴唐號緑卿行三嘉慶癸酉生」白文方印。

〔三〕見《清代硃卷集成·道光二十四年甲辰恩科江南鄉試韓應陛卷》。《清代硃卷集成》，顧廷龍主編，一九九二年臺灣成文出版社出版。

〔四〕據本書黄丕烈（一七六三—一八二五）跋朱彝尊手抄本《竹翁美合集》，黄氏開設滂喜園書籍鋪在道光乙酉春，即其去世之年。

〔五〕見張文虎《讀有用書齋雜著序》。

〔六〕韓應陛藏書並經其校跋之本鈐印頗多，主要有「韓應陛鑒藏宋元名抄名校各善本于讀有用書齋印記」朱文長方、「古婁韓氏應陛載陽父子珍藏善本書籍印記」朱文長方、「讀有用書齋藏善校本」朱文長方、「應陛手校」朱文方、「應陛手記印」白文方、「韓應陛讀」白文長方等印。此外尚有韓氏後人印記，主要有「韓繩大印」白文方、「韓繩大一名熙字价藩讀書印」白文長方、「价藩又名熙」白朱文方、「韓熙寶藏」白文方、「曾爲雲間韓熙鑒藏」白文長方、「价藩寶此過於明珠駿馬」朱文長方、「雲間韓氏圖書」朱文方、「雲間韓氏考藏」朱文方、「韓德均所藏善本書籍」白文方、「德均所藏」朱文方、「德均審定」白文方、「松江讀有用書齋金山守山閣兩後人韓德均錢潤文夫婦之印」朱文長方（又一爲白文長方）、「甲子丙寅韓德均錢潤文夫婦兩度攜書避難記」白文長方等印。

〔七〕見封文權《韓氏讀有用書齋書目序》。

〔八〕見《藝風堂文漫存・癸甲稿》卷三《華亭韓氏藏書記》云：「今伯陽之子子穀，年甫弱冠，性復愛書，盡發所藏，屬其師吴縣曹君揆一爲編書目」。

〔九〕該本有近人王大隆題跋云：「癸酉初秋，觀書於韓氏，十三經猶完善。韓氏書散，書賈秘不出視，後聞分散拆售，而此經及《公羊》、《穀梁》、《爾雅》四種皆歸葉丈揆初。」王氏所言「十三經」即指毛氏汲古閣刻《十三經注疏》本，多有清人批校或過録批校，但未收録於《讀有用書齋藏書志》中。

〔一〇〕潘景鄭《著硯樓讀書記・劉泖生校抄本墨史》有云：「此册爲吾邑鄒詠春先生芸碧巢故物，藏印可證。詠春先生哲嗣百耐，與余夙有契好，曩年曾設書肆於吴中，曰百擁樓，余旦暮過值，一鱗半爪，時有所獲。」

〔一一〕　該明本刻有宋本牌記，《讀有用書齋藏書志》將牌記抄録於段玉裁題跋之前，鄒百耐認爲欠妥，在其天頭書「此牌寫在段跋之後」八字，後被韓德均用朱筆劃去。鄒在《雲間韓氏藏書題識彙録》中不僅將牌記附録於段跋之後，並將牌記中之誤字「室」改爲「室」。

〔一二〕　參見陳先行《打開金匱石室之門——古籍善本》。

目録

雲間韓氏藏書題識彙録史類……一八

雲間韓氏藏書題識彙録子類

雲間韓氏藏書題識彙録集類……一一六

校注

〔一〕「相宅」原作「宅相」，據正文乙正。
〔二〕「文」字據正文補。

雲間韓氏藏書題識彙録序

雲間韓緑卿先生，爲咸同間藏書大家，南北舟車，先後所得，幾及五百種，洋洋乎山海大觀也。往歲曹君君直元忠客韓氏，屢約往觀，塵事雜遝，迄不果行。癸酉之冬，韓氏書盡出，鄒君百耐實爲郵介，因得遍覽所藏，撮録諸書題識凡四百餘種，都若干萬言，而徵序於余。竊謂江南藏書之富，自絳雲、述古、傳是而後，首推黄氏士禮居。黄氏之學，據古刻以正俗譌，往往一語一字，足以發羣蒙、息聚訟，雖見聞學識得諸顧氏澗薲爲多，而晦明風雨，丹黄甲乙，實大有裨於藝林。近人以賞鑒目蕘翁，不足服翁之心也。其後若藝芸汪氏、罟里瞿氏、聊城楊氏、滂喜潘氏，獲蕘翁舊藏者，輒雄視宇内。而緑卿先生最後出，所得黄氏故物，亦不讓諸家，且有爲諸家所未見者。其他宋元舊槧及舊抄舊校諸本，亦復稱是。是故欲徵黄氏藏弆之全者，非見先生之藏無從研討；而欲徵韓氏搜羅之富者，非讀百耐此編亦不得要領。此其貢獻於學子者何如也。今歲秋仲，重客金陵，方治《急就篇》，就《四部叢刊》本校核，無所獲。因取此帙中鈕匪石跋讀之，「屏厠清溷」句，在「墼壘廥廄」句上；「變化迷惑」句，在「姦邪並塞」句上；而「蠡升參升」句，韓藏本作「蠡斗」；「祠祀社稷」句，韓藏本作「社保」。始知舊抄之貴，與古刻相等。舉此一事，亦足概其餘矣。百耐尊人侍講公亦喜儲書，插架多佳本，趨庭詩禮，習聞久已。顧品題所及，明槩而止。百耐縱覽天水、奇屋温諸刻，藏家論議，備録無遺。使侍講公而在，其愉快又何如也。余又有所感矣。《鶡冠子》曰：「賢者之於濁世也，絶豫而無由通，異類而無以告，苦乎哉。」百耐少席華胄，壯宦京曹，又身當盛年，正指顧風雲之日，乃垂翅南下，隱跡蠹餘，知必有無通無告之苦。而後甘守閭里，隨靈威之丈人作食字之脈望，此其間有未可言者在也。此余所以盱衡太息也。甲戌中秋，吴梅。

自序

余少隨先侍講京寓，國變南歸。侍講公著述之暇，輒喜考訂羣籍，命司整治之役，因得略識刊籍源流，顧未嘗措意記述焉。厥後南北奔馳，不親文史者數年。丁卯冬，家居無俚，挈楹書爲易米計，與遠近通人往還探討，經眼既多，隨諳甄别。擬師先哲成章，彙録見聞，以誌鴻爪，卒以碌碌，未遑寫次。

去歲冬，有以雲間韓氏藏目求沽者，介往披覽，盡讀所藏，得宋元明古本暨抄校善本，都四百餘種。觀其題跋藏印，得知輾轉收藏之迹。而聚久必散，爲藏家所必然，固無庸感慨。雖所見僅止於斯，要亦書林小史矣，苟不存録，則過眼一瞥，又等雲烟。既自懲向日之翫忽，因以補此日之辛勤，彙而存之，自充篋衍而已。朋好慫恿，爰付草印，譾陋疏誤，當待博雅君子匡正焉。甲戌九月，鄒百耐。

雲間韓氏藏書題識彙録經類

松江韓應陛録卿藏　吴縣鄒百耐編纂

大易粹言殘本六十二卷

宋曾穜編。宋槧本。前有自序，列「淳熙二年九月初一日温陵曾穜獻之謹序」。又總序，次行低三格題「伊川先生易傳序」。序後列有「宋元符二年己卯正月庚申河南程頤正叔謹序」。序後「白雲先生易説序」，亦低三格。序後列「紹興辛未歲仲夏望日河南郭雍謹序」。序後有一牌子，雙行「建安劉叔剛宅刻梓」八字。又次標題「右大易粹言一編」。次行程、李二跋，一結銜「淳熙四年正月日門生迪功郎舒州望江縣主簿主管學事程九萬謹跋」，一列銜「門人西秦李祐之謹跋」。又次爲「大易粹言總論」，分上中下三編。後即「大易粹言上經卷第一」。凡采諸家説低一格。每半葉十二行，行二十三字。「大易粹言序」及「大易粹言一編」每半葉十行，行十六字，單邊[1]，黑綫口。全書七十卷，今存一卷至三十一卷、四十四至六十六卷。缺卷四末一、二兩葉，卷十缺一至三葉、七至末葉，卷十八缺尾葉，卷十九缺一至七葉，卷廿二缺尾葉，卷卅一缺尾葉，卷卅二至四十三全缺，卷四十四缺一葉，卷五十一缺末葉，卷五十六缺一葉，卷六十一缺末葉，六十七至七十七卷全缺。按《四庫簡目》載十卷，注「宋方聞一編，《宋史·藝文志》作曾穜者，誤也」云云，不知《四庫》所據何本。此書南宋淳熙刻本，豈誤曾穜爲方聞一耶？足見宋刻之可貴如此；且各書目所記亦僅以十卷本，則此書之不傳已久矣。

韓氏手跋曰：「按檢各書目，惟焦氏《國史經籍志》十卷；《傳是樓》抄本七十卷，共六本；《菉竹堂》二十册，不記卷數。他如《絳雲樓》、《述古堂》、《寶文堂》、《千頃堂》、《汲古閣》、《泰興季氏》各書目皆未登録。咸豐己未九月十一日，應陛識。」

校注

〔一〕此本今藏臺灣「國家圖書館」，正文卷端爲左右雙邊。

周易參義三卷

明抄本。明趙琦美校。一卷後有「己酉十月廿有五日雨中清常道人校」朱筆十五字，二卷後有「己酉十月廿七日漏三下校清常道人」朱筆十五字。

韓氏手跋曰：「《周易參義》十二卷，已經通志堂刻出。此祇三卷，以一、二兩卷後皆有清常道人記語，因收之。咸豐戊午十二月得之蘇州書友。應陛誌於讀有用書齋。」

李氏易傳十七卷

雅雨堂刻本。朱秋崖以朱墨筆度半農、松崖校語。有「滋蘭堂藏書」印。

朱氏手跋曰：「癸丑初秋，借得余友漪塘周君所藏紅豆齋評本，乃汲古毛氏《津逮秘書》中本也。半農先生先用墨筆評註，後復加硃筆。松崖先生所參，亦用朱筆而無圈點。今悉用墨筆臨半農説，用硃筆加半農後增圈點，因半農前後去取諸家有異也。松崖評仍用硃筆臨之，庶有差別。毛氏所刻是書，倒顛舛誤處甚多，不但魯魚豕亥，今當以盧本爲正，蓋雅雨所刊即松崖先生手定本也。其中間有毛本是而盧本誤刊及半農先生以己意改定者〔一〕，或字義兩可而未敢定者，皆注於下闌，俾讀是書者得有稽考也〔二〕。重陽前二日秋崖朱邦衡識。」下鈐「秋崖居士」白文方印。

校注

〔一〕「是」字鄒百耐原稿（以下簡稱「鄒稿」）脱，今據《文禄堂訪書記》補。

〔二〕「是」字鄒稿作「易」，今據《文禄堂訪書記》改。

李氏易傳十七卷附易釋文一卷

雅雨堂刊本。某氏用朱筆度惠半農校語。卷首有「乾隆己丑八月從王太史史亭處借沃田先生校定紅豆齋本校」廿五字，末署「己丑八月十二日至廿六日校竟」十三字。每册卷首皆有「徐大容」白文、「鹿樵」朱文二方印，想是校者圖記。藏章有「臣大容印」白文、「復堂」朱文二方印，「張允華藏書記」朱文長方印，「昌泰」朱白文聯珠印，「夏心珊」白文方印。

南雋居士讀易或問大旨四卷〔一〕

舊抄本〔二〕。明汪必東撰。

沈氏手跋曰：「汪必東，《嘉靖一統志》武昌崇陽人〔三〕。本漢長沙下雋縣地，梁置上雋郡，陳又置雋州。正德辛未進士，授户部主事，改禮部。邃於經史，能爲古文辭，善草書。擢廣西參議，進河南參政。所著有《南雋文集》、《易問大旨》。乾隆丙午夏五劍舟筆。」

韓氏手記曰：「應陛按，《千頃堂書目》《南雋集》二十卷。汪字希會。」又記曰：「書首劍舟記語五行。按，劍舟姓沈名埏〔四〕，嘉禾南門内人。」又跋曰：「咸豐八年七月三日得之嘉禾書友沈秋泉。按此書標題下方署『必東手藁』字，據知此即汪手定本，不知此曾經刊行暨有傳抄本？使宇宙祇此孤行之本，倘不收藏，不幾於絶矣乎〔五〕？此亦收書者之責也〔六〕。冬至前一日，應陛記。」

校注

〔一〕此本今藏臺灣「國家圖書館」，卷端書名題「南雋讀易或問大旨」，無「居士」兩字。

〔二〕目録作「舊稿本」；臺灣「國家圖書館」著録爲清稿本。

〔三〕「昌」，鄒稿誤作「易」，據原本改。

〔四〕「埏」上脱「叔」字。

〔五〕「於」，鄒稿誤作「其」，據原本改。

〔六〕鄒稿脱「者」，據原本補入。

吕氏家塾讀詩記三十二卷

明覆宋本。每半葉十四行，行十九字，黑綫口。第十三卷至十六卷缺，味水軒借汲古閣所藏宋本抄補，後有墨書一行云「崇禎癸未味水軒借汲古閣宋本抄補」十五字。藏章有「曾經温又元處」朱文方印，「一鼎信印」朱白文、「又元」朱文二方印，「何焯之印」、「屺瞻」朱文二方印。

禮記殘本九卷

宋槧宋印本。每半葉十行，行大十八字，小廿五字不等，單邊，白口。每葉板口下皆有刻工姓名。所存五至八、十一至十五，共九卷。每卷卷末標題下刊有雙行小注，云經幾千幾百幾十幾字，注幾千幾百幾十幾字。查卷七缺十一、二十一兩葉，卷十四缺第十葉，卷十五缺九、十兩葉。每葉反面皆鈐有「張康」朱文方印。此本係百宋一廛故物，蝶裝九册，字畫清挺方勁，爲宋撫州公使庫刊本。藏章有「長洲顧仁效水東館收藏圖籍私記」朱文方印、「趙宋本」朱文橢圓印、「汪士鐘讀書」朱文方印。

黄氏手跋曰：「此殘宋本《禮記鄭氏注》五至八、十一至十五共九卷，予得於任蔣橋顧月槎家。偶取《月令》與他本相對，注中『耒耕之上曲也』，『耕』皆誤爲『耜』，惟此不誤，乃知其信。碌碌未及全校，恐破爛不全之物後人視爲廢紙，故先加裝潢，藏諸士禮居中，稍暇當校勘一過。宋本《禮記》，惟故人顧抱沖小讀書堆有全本，《曾子問》中多『周人卒哭而致事』句，定爲太平興國本。又有殘本，先係顧懷芳物，曾從借來，校於惠松崖所校明刻鄭注本上，内《曲禮》『石惡』一條，足正諸本之誤。今歸於抱沖。此外未見有宋本也。書此以見殘編斷簡亦足珍惜云。嘉慶二年歲在丁巳孟冬月五日，黄丕烈書於士禮居。」

又跋曰：「丙子季夏，檢點羣經及此。抱沖已於丁巳年作故，其所藏宋本《禮記》經注全者，係宋時撫州本。陽城張古餘守江寧，介抱沖從弟千里影寫付刊，外間頗多傳布。惜千里作考證，未及將抱沖所歸顧懷芳家殘宋本、余家所藏殘宋本一取證耳。時長孫美鏐侍，因舉《禮記》諸宋本源流示之。復翁記。」下鈐「二疏經舍」長方白文印。按此印極少見。二疏者，《儀禮》、《爾雅》也。

張氏手跋曰：「韓舍人緑卿篤好宋本書，昨年得殘《禮記》於吴門汪氏，凡九卷，爲黄蕘圃先生士禮居舊藏。卷七缺十一、二十一兩葉，卷十四缺第十葉，卷十五缺九、十兩葉。蕘圃先生後有跋，據《月令》『耒耕之上曲也』之『耕』字，定爲佳本。而假歸，取前録惠氏校汲古本對勘一過。惠校固精密，訛脱處大半訂正，惟字畫間有異同，如《月令》『是察阿黨』，注：『阿黨，謂治獄吏以私恩曲橈相爲也。』惠云北宋作『撓』，南宋作『橈』。案，此作『橈』，當是南宋本。『命奄尹申宫令』，注：『宫令，譏出入及開閉之屬。』惠云南宋作『幾』。案，此作『譏』，與惠校南宋異。其餘不能悉記。又宋本書遇廟諱字多缺筆，今『殷』、『桓』等字亦有不缺。此皆蓄疑而待考者也，鄙人弇陋，未敢論定。舍人近欲編輯刻書人姓名以資考證，如鑒别鼎彝古器，必徵款識以爲信，其用心可謂勤矣，故書此以要其成。咸豐戊午正月張爾耆識。」下鈐「爾耆」白文、「伊卿」朱文聯珠印。

禮記彙辨二卷

舊抄本。吴鼎撰。藏章有「王鳴盛」白文、「鳳喈」朱文、「鳴盛」白文、「澹如珍藏」白文、「□□」白文五方印〔一〕，「士禮居藏」八分書朱文長方印。

〔一〕「五方印」，底本原作「六方印」。又「鳴盛白文」後原重出「鳳喈朱文」四字，爲原作者抹去，據之改「六」爲「五」。

大戴禮記十三卷

雅雨堂刊本。惠松崖、顧澗薲、戈小蓮合校本。藏章有「戈小蓮秘笈印」朱文長方印、「小蓮校本」朱文方印。

惠氏手跋曰：「高安朱文端公刻《藏書》十三種，内有《大戴禮記》一種，序云『於年友滿制府案頭得宋刻善本，録而讀之，爲正句讀而付之梓』，則是刻乃從宋本校刊。丁丑季秋，從雅雨先生借校一過。松崖。」

戈氏手跋曰：「道光歲在壬午正月十六日校至二十日。覺朱本頗佳，惠先生所從蔡本尚非盡善。《禮》本據諸家考正，亦不無可議處，知此書精勘甚難也。戈襄記。時年五十有八。」下鈐「小蓮子」白文長方印。

新定三禮圖二十卷

通志堂覆宋刊本。戈小蓮以宋本手校。藏章有「半樹齋戈氏藏書印」朱文方印，「小蓮校本」朱文方印，「臣印戈載」白文、「順卿」朱文二小方印。韓録卿度錢牧齋跋語並手跋一則。

韓氏度錢氏跋曰：「宋顯德中聶崇義《新定三禮圖》二十卷，援據經典，考譯文象，繇唐虞訖建隆，粲然可徵。然如《尊彝圖》中犧象二尊並圖阮氏、鄭氏二義，而不主王肅之説。是時齊子尾送女之器已出地中，而聶氏考猶未覈。南宋人謂觀其圖度未必盡如古昔，有繇然也。此等書經宋人考定，其圖象皆躬命繢素，不失毫髮。近代雕本傳寫譌謬，都不足觀。余舊藏本出史明古家，遵王此本有俞貞木圖記，先輩名流汲古嗜學，其流風可想也。辛丑夏四月四日，蒙叟謙益書於城北之貽仙閣。」

韓氏手跋曰：「咸豐己未春日，應禮部試赴京都，見原宋本於琉璃廠寶文齋書坊，索價昂，不能收。末有錢謙益跋八行餘，前後圖記三，謹照原款寫下。五月廿六日，雨窗無事，録入此册。書坊人姓徐，號滄澹。俞貞木印在書末，左旁下又有『立□圖書』四字印。書間徐健菴、季滄葦皆有印。每卷葉數與此刻同，而此本朱筆校宋，改易編號字，殊不可解。韓應陛記。」

夏小正戴氏傳四卷

明嘉靖袁褧刊本。每半葉八行，每行十七字，小注同。板心上刊一「經」字。卷一末有「皇明嘉靖丙午孟夏吴郡袁氏刊」十三字。末有袁褧序。魚尾下刊「夏小正第幾卷」，並有刻工姓氏。《士禮居叢書》即覆刻此本。藏章有「欽氏之印」白文方印，「不爲章句之學」朱文長方印，「葉可徵氏」白文、「葉印獻臣」「修竹軒」朱文、「洞庭葉氏」「可徵文房」白文、「葉氏可徵」白文六方印，「遠游子」朱文圓印，「蕘圃過眼」、「黄印丕烈」、「蕘翁」白文三方印，「聞伯夷之風」朱文長方印。

欽氏手跋曰:「《夏小正》經文簡奧雋永,實爲夏后氏之遺書,非後人所能措筆者。其傳亦似子夏、公、穀之徒所爲。宋人謂戴氏所撰,非也。蓋二戴《禮記》,但爲删述,未嘗有作。此本參正《大戴》所存訛文失字十之五六,如『獺』、『獸』、『祭』、『魚』、『緹』、『縞』之類,使人躍然稱快,如撥雲霧而見日月,信書之不可無善本也。庚子九月九日得之於虎丘山塘書肆。旅人欽揖。」下有「欽揖印字遠猷」白文方印。

此跋後有署名「抑」者記語云:「壬寅七月廿又五日,同新本《大戴禮》校一過。抑。」計十八字。

黄氏手跋曰:「癸亥重陽前一日,訪友上津橋,過一骨董鋪中,適見是書,知爲嘉靖時我郡袁氏所刊。主人重其有欽遠游跋,索青蚨三星,余遂攜歸。明日,瞿木夫招爲登高之會,泛舟楞伽山下,坐間知有袁壽階,壽階固謝湖公族孫也,因攜示彼。壽階一見稱快,云此刻家藏尚未收得,欲豪奪而去。余亦許之,但須作跋數語以紀其事。余思謝湖一號石湖漫士,而壽階云謝湖草堂離石湖不遠,今此書因放舟石湖爲壽階所見,仍歸袁氏,可謂遇合之奇矣。蕘翁黄丕烈識。」下有「黄丕烈」白文方印。

又跋曰:「越歲己巳,壽階遽殁,遺籍失守,此書余仍易得。蓋在袁氏爲家刻之可寶,而在人間爲古本之難求,因代儲之,暇日當倩人影寫一本,以廣其傳。近聞江丈艮廷家有傅崧卿本,不知即是此刻否。袁刻《大戴禮》世尚有流傳者,此《夏小正》竟絶無僅有矣,勿輕視之。丁丑仲夏,復翁記。」

春秋經傳杜注三十卷

覆宋刊本。前有乾隆丙寅北平黄叔琳序。卷末刊有二行云:「乾隆丙寅夏五月吴郡小欝林惠氏雕版。王日煥録。」韓緑卿手度惠氏校語，並識語云：「用惠承玨宋校本校。咸豐十年庚申又三月，應陛。」

春秋經傳集解三十卷

明覆宋岳刊本。杜氏注。每半葉八行，行十七字。惠承玨手校本。有「惠承玨印」白文、「曰氏嘉」朱文二方印。

春秋經傳集解三十卷

宋槧宋印，巾箱本。吕東萊圈點，重言似句。每半葉十三行，行廿一字，小注雙行，行[字]同，雙邊，黑綫口。無序文、目録。首列東坡「列國圖」，標題陰文。第一卷第一張後有墨書「音義」數行。藏章有「天門山樵」朱文、「東海徐元玉印」朱文二方印，「昌進收藏」白文倒鈐方印，「李甡印」白文、「鼎伯父」白文、「笑傲烟霞」朱文三方印，「武功」朱文圓印，「賓宋書房」朱文大長方印，「汪士鐘讀書」朱文方印，「宋本」朱文楕圓印。

春秋經傳集解三十卷

明覆宋淳熙丙申閩山種德堂本。杜氏注。每半葉十行，行大十八字，小注雙行，行廿二字，單邊，白口。缺三卷，所存者，自《諸侯興廢》起，至《春秋圖説》終，均全卷。末有書牌，附録於後。

段氏手跋曰：「此書得於江寧承恩寺前舊書攤，乃宋淳熙丙申閩中阮仲猷種德堂刊本也。缺僖公廿七年已後及宣公二卷，共三卷，以其舊物而存之。乾隆辛亥十月立冬日，段玉裁識於承恩寺之九間房。」

附録書牌

謹依　監本寫作大字附以釋文三復校正刊行如履通衢了亡窒礙處誠可嘉矣兼立圖表于卷首迹夫唐虞三代之本末源流雖千歲之久豁然如一日矣其明經之指南歟以是衍傳願垂　清鑑淳熙柔兆涒灘中夏初吉閩山阮仲猷種德堂刊

春秋屬辭十五卷春秋師説三卷附録二卷

元刊明印本。元趙汸撰。每半葉十三行，行二十七字，黑綫口。有宋濂序及自序，並目録。末有自跋一篇，並刊洪武元年程性、汪文兩跋。藏章有「宋蔚如收藏印」朱文、「寶濂堂藏書記」朱文二長方印〔一〕。

韓氏手跋曰：「咸豐八年六月朔日得之士禮居，宋蔚如、寶濂堂均有印記〔二〕，凡五册，《屬（解）

〔辭〕》四，《師説》一。洋六角四分。應陛。」

按此書刊於海寧商山義塾〔三〕，記槧補年不越甲辰、乙巳，乙巳係至正二十五年，當入元槧。

校注

〔一〕　此本今藏上海圖書館。「濂」，原本此印作「廉」。

〔二〕　「濂」，當作「廉」。

〔三〕　「商」，鄒稿誤作「適」，據原本改。

爾雅郭注三卷

乾隆甲申孔繼汾校刊本。吴榷堂手校。末有記語云：「歲在旃蒙協洽嘉平月，從紅豆齋惠氏本句讀，略載邢疏於上方。榷堂記。」藏章有「曾在雲間歗園沈氏」朱文長方印、「九峯小隱」白文方印。

韓氏手記云：「榷堂姓吴，名孝顯，婁縣人。乾隆十五年庚午生，四十六年辛丑進士，授國子監助教。咸豐甲寅十月記。應陛。」〔一〕

校注

〔一〕　此本今藏上海圖書館。有韓應陛粘紙手書題記，謂榷堂「曾祖元龍，康熙甲辰進士，己未博學宏詞，歷官翰林院侍講，《實録》、《明史》纂修官，壬子貴州正考官」。

重廣陳用之學士真本入論語全解義十卷

舊抄本。陳祥道著，門人章粹校勘。藏章有「張承涣印」白文、「伯子」朱文二方印，「汪士鐘字春霆號朖園書畫印」白文長方印。

傳道四子孟子二卷

舊抄本。吴郡後學徐達左編次。藏章有「吴元潤印」白文、「謝堂」朱文二方印，「香雨齋吴氏珍藏圖書」朱文長方印，「平江黄氏圖書」朱文方印。

尹和靖論語解不分卷

淡生堂抄本。有「汪士鐘藏」白文長方印。

干禄字書一卷

明抄本。顔元孫撰。藏章有「東吴葉裕祖仁藏書」白文方印，「霞房」朱文方印，「張紫琳」白文方印，「陸氏金管齋審定印」朱文長方印，「葉裕」白文方印，「祖仁氏」朱文、「宋少保石林公二十一世孫裕」白文二方印，「平江黄氏圖書」朱文方印。

馮氏手跋曰：「右顔魯公《干禄字書》，近來所臨惟勾詠模本耳。此秦季公所傳本，字多缺，筆畫又多不同。據勾跋語云，刻時取楊、蜀二本補原本之缺。書後又不載漢公跋語，不知季公何自傳此，疑臨異本重録也。考其所缺，正在勾本補處，此可證耳。上黨馮班識。」

續古篆韻六卷

明抄本。元魯郡吾（衒）［衍］編集。有自序。末頁有抄書人篆書記語云：「萬曆乙卯仲秋廿有八日觀於文近三舅齋中，因借録一過。時爽籟襲人，甚暢適，並識歲月於此。」藏章有「流水青山無處無」朱文長方印、「不仙不佛也能飛」白文方印、「吴載」白文盤龍方印、「渭賢」朱文方印、「一溪云」朱文小長方印。

佩觿三卷字鑑五卷

澤存堂刊本。何小山用趙清常抄本、萬玉堂刻本手校。

何氏手跋曰：「康熙五十八年正月初八日，用趙清常抄本、萬玉堂刻本粗校一過。明刻此書所見者三本，而萬玉堂爲勝。趙氏本云借抄於孫唐卿，惜無從見之也。平夫煌記。毛斧季一生不曾見宋槧《佩觿》。」

急就篇不分卷

舊抄藍格本。每半葉十四行，每行二十二字。蕘圃以汲古閣舊藏抄本校。藏章有「何焯之印」朱文方印。書尾黏存鈕匪石致蕘翁原函，附録於後。

黄氏手跋曰：「此舊抄本《急就篇》，顔氏注本也。是書有皇象書碑本，凡三十二章，顔注因之。《齊國》、《山陽》二章，後漢人所續，宋太宗書本爲三十四章者是也。余得此舊抄本，適故人洞庭鈕非石訪余，謂曾見趙文敏正書墨迹，其文實從皇象本出，有可據趙本以證顔本之謬者：古『升』、『斗』字形相近，趙本作『蠡斗參升』，『蠡』與『麗』聲相近，則『蠡斗參升』猶『兩斗三升』耳。而顔本『斗』亦作『升』。

又『祠祀社保萯獵奉』，蓋因疾病而禱祀社保，則社者鄉社也，保亦其類。而顔本『保』作『稷』，訓爲先農，似亦失考。畧舉二條，以見古本之精。余感故人餉我之厚，即載其語，以見此書顔注本尚非精者。惜其所抄《急就篇》一時檢尋未得，不及借觀爲憾耳。葉石林臨本《急就篇》今存者一千三百九十九字，明初宋温仲補六百一十六字，合之凡二千一十五字。正統間，吉水楊君政刻於石，今在華亭，其文與趙本多合，蓋同出皇本，足以參考。此亦非石爲余言者，附識於此。乙亥端午後四日，復翁記。時梅雨初下，未知能霑足否。」

又跋曰：「此舊抄本《急就篇》顔注本也，苦無別本相勘。己卯夏季，小讀書堆書出，因見有毛藏抄本，審之乃浚儀王應麟伯厚補注本也，與此顔注本時有異同。竭幾日力校之，雖兩本各自爲書，未可强合，然伯厚所補注者，首行亦題顔氏注，其不同者，大都在音釋之有增益耳。最後有『齊國給獻』以下百二十八字，爲後漢人所續，御書有，顔注無，王本附於篇末，兹不附録焉。羅願及王應麟二篇後序亦不録入。小讀書堆書索直甚昂，如可收得，當兩存之，否則於此亦可見其梗概也。己卯立秋日校畢，蕘翁識。」

鈕氏手跋曰：「書趙文敏正書《急就篇》後：　嘉慶辛未六月，余遊廣陵，汪君孟慈出其家藏趙文敏正書《急就篇》墨迹見示，末有王覺斯跋云：『此册出自内府，余爲審定。』其文實從皇象碑本者，以王伯厚所稱碑本第七章全缺，又稱碑本『屏廁』句在『壄壘』句上，『變化』句在『姦邪』句上，而此本悉與之合也。亟假細録一通，並列其異同於後。蓋碑上於顔合者，王氏但著顔，不更出碑本，其與顔本異而王氏未著八十餘字。又王稱碑本與趙書不合者十餘字，恐傳刻有譌也。然趙所見碑本已有殘缺，其缺而空者九字，失空者七字，凡缺一十六字，而王注不云碑缺，蓋其略也。今王本絶無善本，以之相校，足正其譌舛，則此册之足寶貴，不僅書法精妙也。古『升』、『斗』字形相近，趙本作『蠡斗參升』，『蠡』與『麗』聲相近，則『蠡斗參升』猶『兩斗三升』耳。而顔『斗』亦作『升』。又『祠祀社保菆獵奉』，蓋因疾病而禱祀社保，則社者鄉社也，保亦其類。而顔本『保』作『稷』，訓爲先農，似亦失考。畧舉二條，以見古本之精。葉石林臨本《急就篇》今存者一千三百九十九字，明初宋温仲補六百一十六字，合之凡二千一十五字。正統間，吉水楊君政刻於石，今在華亭，其文與趙本多合，蓋同出皇本，足以參考。鈕樹玉。」

鈕匪石手函云：「樹玉頓首蕘翁大兄大人：前有瑣事，不及專候爲罪。尊作及鄙著《急就篇跋》録上，希鑒收。其所抄趙本《急就篇》遍尋不得，俟檢出再呈。率此，附請晨安。九月二十九日。」

刊謬正俗八卷

舊抄本。蕘圃以宋本校。藏章有「枚庵流覽所及」朱文、「吴伊仲藏書」朱文、「薄氏家印」白文、「西漢世家」朱文、「薄印啓源」朱文、「自崑」朱文六方印。

九經補韻一卷中華古今注三卷獨斷三卷（三種合裝一册）

明抄本。楊伯嵒、馬縞、蔡邕撰。藏章有「怡真」白文方印、「平江黄氏圖書」朱文方印。

黄氏手跋曰：「此《九經補韻》、《中華古今注》、《獨斷》三種合裝一册，錢述古舊藏也。余取吴琯

《逸史》本考之，《九經補韻》多同，《獨斷》不如此作三卷，猶舊第也，且多宋人跋語，謂刻之舒類，與陳《録》舒、台二郡皆有刻本之説合，是舒本也。程榮本《漢魏叢書》中却作二卷，然未知有此跋否。以上三書雖非未見之書，若此古色古香，其抄必非俗本也。《中華古今注》專刻本約略相同，其餘彙刻中本未經相勘也。余嗜古書，於所從來本尤留意購訪，矧此爲也是翁藏書，手不忍釋，因出高價置之。癸酉四月朔日，時宿雨初霽，餘寒未消，塗中泥滑滑，恐所期之友人行不得也，爲書此跋破寂。復翁。」

案，此跋另用倣古信牋兩紙工楷所書，爲黄跋中之最精者。

雲間韓氏藏書題識彙録史類

松江韓應陛緑卿藏　吴縣鄒百耐編纂

後漢書殘本二十卷

宋槧元印本。有元大德九年補葉。存卷一之十五葉起至卷五末，卷七之七八兩葉、廿一葉至廿五葉卷終，八卷至十卷（缺九、十兩卷第一葉），卷十一之一葉至十二葉，卷十二之二葉、五葉、七八兩葉、十葉至十八葉，卷十六之七葉至九葉，卷七十五至八十卷（缺七十六卷中之第七、第廿八兩葉，七十九卷之第一葉）。每半葉十行，行大十九字，小雙行，行廿五字，單邊，白口，板心下有刻工姓名。元補本每葉板心下有「大德九年補刊」六字。末有錢竹汀跋兩則。藏章有「國瑞家藏」白文方印。

錢氏手跋曰：「《後漢書》淳化刊本止有紀傳，其志三十卷，則乾興元年准判國子監孫奭奏添入，但宣公誤以爲劉昭所補，故云范作之於前，劉述之於後。不知志出於司馬彪《續漢書》，昭特注之耳。彪，西晉人，乃在范前，非在范後也。」

又跋曰：「此本雖多大德補刊之板，而志第一至第三尚是舊刊，於『朓』、『敬』、『恒』、『徵』等字皆闕末筆，而『讓』、『勗』却不迴避，知實係嘉祐以前雕本，雖屢經修改，而古意猶存，斷圭零璧，終是席上之珍也。乾隆甲寅四月，嘉定錢大昕假觀並識。」

吴志二十卷

明嘉靖監本。收藏有「黄印丕烈」、「蕘圃」朱文二方印。卷中朱筆校字及末跋三則，稱與贊皇借家藏義門師閲本。黄蕘圃手署書衣云：「校本《吴志》，聽松軒藏書。」

三國志殘本九卷

宋槧宋印本。每半葉十三行，行廿五字，單邊，白口。字畫秀挺，妍雅絶倫，宋本中之最精者。且此書不見著録，誠爲希世之寶。惜所存《魏志》七至九、二十五至三十，僅九卷。每册首皆有「趙宋本」朱文橢圓印、「汪士鐘讀書」朱文方印、「徐渭仁」朱文方印。

韓氏手跋曰：「殘宋本《三國志》七册，存《魏志》七至九，二十五至三十，凡九卷。每册鈐汪士鐘、徐渭仁印。按常熟張氏《藏書志》載此，稱係北宋刊本，所存《魏志》各卷如數外，更有《蜀志》九至十五，《吴志》四、五、十二至十五各卷，今不知尚存否也。嘗得明南監本，爲何義門校者，内據北宋本校，與此本正同，知《藏書志》所稱不謬。惟何所據校改各卷，出張氏所記外者頗多，而張所收《蜀志》多至七卷，何乃無一字校入，豈何所據者另一本歟？所得何校本係他人度本，非手校也。庚申三月晦日記。韓應陛。咸豐己未秋，得此書於書友蔣恕齋。」

晉書一百三十卷

宋槧宋印本〔一〕。無序有目。每半葉十行，行十九字，白口，單邊〔二〕，每頁有耳。元本補葉甚多。藏章有「毛晉秘笈」朱文、「海虞毛表奏叔圖書記」朱文二方印〔三〕，「毛」字朱文圓印，「汲古閣」朱文、「季振宜讀書」朱文二長方印。

校注

〔一〕此本今藏上海圖書館，當爲宋刻配宋刻元明遞修本。其中卷三十一至三十六、五十二至五十五、五十九至六十八、八十六至一百、一百六至一百三十配宋刻元明遞修本，卷五十六至五十八配抄本。《中國古籍善本書目》著録爲元刻明修本，不確。

〔二〕原本爲左右雙邊。

〔三〕「表」、「奏」兩字，鄒稿誤作「衺」、「奉」，據原本改。

唐書志三十卷

明抄藍格棉紙本。每卷末有「左從政郎紹興府録事參軍張嘉賓校勘」十六字。板心有「嗣雅堂」三字，當係嗣雅堂影抄本。每半葉十一行〔一〕，行二十二字。目稱《大唐新志》。卷中宋諱缺筆。藏章有「劉印倩之」白文方印、「曾藏汪閬源家」朱文長方印。

校注

〔一〕此本今藏上海圖書館，鄒稿誤作每半葉十二行，據原本改。

大金國志四十卷

掃葉山房刊本。錢竹汀手校。藏章有「半樹齋戈氏藏書之印」朱文方印、「戈小蓮秘笈印」朱文長方印。細審朱筆校跋，不似竹汀，疑出戈小蓮手。

錢氏手跋曰：「此書前載宇文懋昭表，題云『端平元年正月十五日上』，新城王尚書貽上謂是宋人僞造。余讀其詞稱『蒙古』曰『大朝』、曰『大軍』、曰『天使』，而於宋事無所隱諱，蓋元初人所撰。其表文則後之好事者爲之，而託名於懋昭者也。錢遵王舉其直書康王出質，詳列北遷宗族，以爲無禮於其君，而譏端平君臣漫置不省。今考志所載指斥之詞，尚有甚於此者，即其以『大金』爲名，而於宋不稱『大宋』，可決其非宋人所作矣。且『端平元年正月十五日』乃金亡之後五日也，計此五日之間，孟拱告捷之奏尚未能至臨安，此書何由編次進御？豈非作僞心勞，不能自揜其罅漏之一證乎？其『京府州軍』一卷最精核，予嘗據以證《金地理志》之誤云。竹汀居士錢大昕記。」

契丹國志二十七卷

掃葉山房刻本。戈小蓮手校本。藏章有「半樹齋戈氏藏書之印」朱文方印、「戈小蓮秘笈印」朱文長方印。

五代史記七十四卷

元覆宋刊本〔一〕。每半葉十行，行十八字，黑口，單邊。卷中間有抄補葉。末有蕘圃朱墨跋語，審非手迹。每卷前後有「士禮居」、「顧廣圻」二方印。

黄氏跋曰:「元刊本《五代史》七十四卷,曾經澗蘋先生校閲一過,較明監本互有異也。舊藏虞山錢氏,以二十金購之,藏弆百宋一廛之末云。時嘉慶壬申仲夏,古吴黄丕烈記。」下鈐「士禮居」白文方印。

韓氏手跋曰:「《五代史記》,宋歐陽修撰,徐無黨註。七十四卷,二十四本。缺廿八卷第五葉、第九葉,四十二卷第六葉。末有黄蕘圃跋語,細審筆跡恐不然。但此書當係元翻宋刻本〔二〕,不必以黄跋爲憑也。補抄極多,但亦非本朝人手筆,其所據本蓋同此板。十八卷後空行另條有『慶元五年魯郡曾三異校定』十一字,廿三卷末葉係抄補,亦有『魯郡曾三異校定』七字,廿四、卌四、五十七卷末葉皆係原刊本,另條字俱同。書板口下方往往有『丁亥』字,陰陽文不定。按寶慶三年、元至元廿四年、至正七年俱係丁亥,寶慶三年上距慶元五年凡廿八年。去年十一月廿四日得之書鋪人陳姓。丁巳二月三日記。」

校注

〔一〕此本今藏臺灣「國家圖書館」,著録爲宋慶元五年曾三異校刻元明修補本。

〔二〕鄒稿脱「本」字,據原本補入。

通鑑紀事本末殘本二卷

宋槧宋印本。存第十二、十三兩卷。每半葉十三行,行二十四字。板心上間有字數,每葉下有刻工姓名,宋諱缺筆。卷中有朱墨點字,似出元明人手。每册首有飛龍圓印、「吴江徐氏記事」朱文長方印。

韓氏手跋曰：「蘇州汪氏藏《通鑑紀事本末》，標題上下亦有飛龍與徐氏印。此書十二、十三兩卷即由彼書散出者，而汪書十二、十三兩卷已用同板後印蓋張氏圖記者補入。書首有章大醇序，云是書刊於淳熙乙未，修於端平甲午，重修於淳祐丙午。序後有列銜二行，胡自得掌工，章士元董局。汪氏原板三十卷，後印本補者若干卷，抄補者六卷。咸豐戊午十一月見之，價昂持去。此二卷予得之滂喜園黄氏。應陛。」

又跋曰：「按汪氏抄補六卷，後印本補者二十一卷，原印十五卷，前云三十卷誤也。後印本補者，每卷前印『柏山張氏省軒恒用印』九字，後印『豫園主人』四字，其本遇有『太上御名』字者，或改作『構』字，蓋又係元時修板元時所印者也。冬至前二日記。應陛。」

國語殘本八卷

影明道本。每半葉十一行，每行二十一、二十二字不等。小注雙行，三十、三十一字不等。存一至三卷、六、十、十九、廿、廿一，共八卷。

顧氏手跋曰：「此蕘圃所收影抄本，即據之重雕者。予别得首三卷，較之寫手尤精，故用以上板而仍留此。他時倘别得之本以下復書，遂可轉爲補全。竹頭木屑，正未必無用也。己未冬至前一日，澗薲書。」

又跋曰：「第六、第十、第十九、廿、廿一共五卷，此類余以爲寫手不佳，故重摹付刊，而此遂剩，合釘爲一本存之，俾他日有考焉。澗蘋書。」

又跋曰：「明道二年所刊《國語》印本不可得見，此影寫者。時章獻明肅劉后臨政，諱其父名，故『通』字每缺一筆，今所寫當然，精審可知矣。傳校本外間多有，余亦屢見之，錯誤漏落，均所不免。近陳氏名樹華，曾著《外傳考正》，所據亦傳校本，故終不得其要領。如《周語》『欲城周』，注：『欲城周者，欲城成周也。』今本正文衍『成』字，並添『著作甚蕪累』之語。《魯語》『魯夫人辭而復之』，今本『夫人』作『大夫』，若是則敬姜何以爲别於男女之禮乎？又『笑吾子之大也』，注『謂驕滿也』。蓋『大』即驕泰字爾，今本于正文加『滿』字，遂改注謂爲滿以就之。此類往往未經考正，乃知真本誠可寶也。往者惠松崖先生假陸敕先所校於沈寶硯，寶硯秘不肯出。今蕘圃黄君乃以真本見借，所獲抑何其奢歟！爰悉心讎勘，兩踰月始克歸之。自今而後，宋公序以下本當以覆瓿矣。乾隆乙卯六月四日，澗蘋顧廣圻書。」

宋槧《通鑑外紀詳節》，「魯夫人辭而復之」與明道本合，明板改「大夫」，失道原之舊矣。

國語二十一卷

明許宗魯刊本。每半葉十行，行大小二十字，單邊，白口。每葉板心上刊有「國語第幾」，上魚尾下刊有「某語幾」，下刊有「宜靜書屋」四字。所刻皆用古體。首有《國語註解諸家名氏》及《諸國世系説》。卷首標題次行上題「某語幾」，下題「韋昭解」。卷末有蛾術老人跋語。藏章有「□靈」朱文方印、「宋印學璟」白文方印、「光萬」朱文方印、「曹岳起印」朱文方印、「何焯之印」朱文方印、「顧印廣圻」白文方印、

「藝芸書屋」白文方印、「汪印士鐘」白文方印。

某氏手跋曰：「嘗謂宋元本之可寶者，不但其文義字句間與後世刊本不同，足以考正譌謬，即書寫結體亦自典雅可愛。然亦有坊肆刊本，其字畫每多俗體，識者但賞其古樸，以云考校學問則未也。此《國語》十册，字體悉從《説文》，必非坊肆俗工所爲，辨其紙板，應是宋元間物，誠善本也。蛾術老人跋。」下鈐「□笙」朱文長方印。

韓氏手跋曰：「咸豐戊午五月，蘇州金順甫處見宋抄《太玄經》，字文絶似此，右跋以爲宋元間物，當不誣也。此書去年在金處見之，至是遂擕歸。七月二十三日記。」

新雕重校戰國策三十三卷

宋槧宋印本。每半葉十一行，行大小二十字。注校又雙行分繫於下，所謂注中有注者也。卷中宋諱在紹興以前，俱闕末筆，爲紹興初刻本。單邊，白口，每葉板心下有刻工姓名。卷中前後有抄補數葉，皆出士禮居手書，見《百宋一廛賦》，可寶也。藏章有「澤存堂藏書印」朱文長方印，「馮氏秋鶴」白文方印，「百宋一廛」白文長方印，「士禮居藏」白文方印，「黄印丕烈」朱文、「蕘圃」朱文二方印，「宋本」朱文橢圓印，「汪印士鐘」白文、「閬源真賞」朱文二方印。

黄氏手跋曰：「高注《戰國策》行世者惟雅雨堂本，此外曾見小讀書堆所藏影宋抄本，若宋刻，僅載諸《讀書敏求記》中，云是購於絳雲樓者。然絳雲所藏有梁溪安氏本、梁溪高氏本，未知所購果何本也。

既聞海内藏書家尚有兩宋本，一在桐鄉金雲莊家，一在歙汪秀峰家，余渴欲一見爲幸。去冬鮑緑飲來蘇，以金本介袁綬階示余，訂觀於鈕非石寓樓，遂議交易，以白鏹八十金得之。此本楮墨精好，殆所謂梁溪高氏本歟？屬潤蕢取影宋抄本參校，識是勝於抄本，潤蕢已詳跋之矣。余謂古書流傳不可不詳其原委，姚宏所注補者非一本，見於吴正傳之言。正傳云：「余見姚注凡二本，其一冠以目録、劉序，而置曾序於卷末；其一冠以曾序，而劉序次之。蓋先劉序者，元本也；先曾序者，重校本也。」今觀此本字畫，定爲紹興初刻，影抄者當是重刻本，故行款略爲改竄。宋刻本每葉廿二行，行廿字；影宋抄本每葉廿行，行廿字。而字句亦微有不同，《序録》一篇，此本在卷末李文叔等書後四條之前，姚宏題語又隔一行而附於後，影抄本則曾序居卷首，而李跋等仍在後〔二〕，姚宏題語不隔一行，其非一本可知。蓋影抄之本或即梁溪安氏本，遜而居乙者耶？至於此本之疑爲絳雲所藏，别無確證。惟首册缺目録四頁，一卷一至六葉，末册序後五、六葉，當是藏書者圖章題識，淺人撕去之故，豈不可歎！特未識汪本又何如耳，俟徐訪之。汪秀峰與錢聽默最友善，嘗謂錢曰：「吾有宋刻高注《戰國策》，有人需此，當以美妾易之。」今聞作古，未知書在何處。嘉慶歲在己未二月望日，檢書至此，爰題數語，以誌顛末。回憶去冬得書之時在臘月望日，雨雪載塗，肩輿出金閶門，與緑飲、綬階、非石盤桓茶話以爲消寒計者，已兩閲月矣。非石有詩贈余，當倩渠録於此册，以誌一時韻事云。棘人黄丕烈識。」

鈕氏手詩曰：「雨雪簾纖至，同心聚一樓。不嫌蔬食薄，忘卻旅人愁。宋本今纔見，牙籤昔已收。延津欣會合，歲暮足優遊。爲蕘圃二兄志題新得宋本《戰國策》跋尾後。洞庭山人鈕樹玉拜稿。」

黃氏手跋曰：「昔余赴禮部試入都，於舊攤買得宋板《戰國策》牙籤二，未知誰氏物，書去而籤存，殊令人繫思也。攜歸棄置篋中久矣，今得此書，不啻籤爲之兆。爰屬澗蓍影摹於册，俾得附麗長存云。蕘圃。」

又手詩曰：「忽覩奇書至，來從五硯樓。此書耳熟已久，雲莊有親程念鞠，於去秋曾以書目一紙，需值五百金一併售去，此書與焉。冬間鮑丈來蘇，云獨買此書，須待歲暮。及季冬中浣，果由袁綬階處攜來，始得見之。歲闌驚客去，得書之日，綬階先有札來，云鮑丈急欲歸去，如不成議即還之。余因出城面晤。金盡動余愁。鮑丈前晤時曾說五十金，既綬階札中有『非百金斷不可』之説，時余因往購宋本《咸淳臨安志》，摒擋殆盡，攜六十金而去，餘就非石處暫貸之。秘册誰先購，此書爲郡中毛榕坪購得，雲莊其親也。豪奪而去。澗蓍爲余言。餘函待續收。書目一紙，有元和草廬《春秋纂言》、高注《戰國策》、大字元本《唐律疏義》廿四本、《王摩詰集》二本、宋板《孟浩然集》五本、宋本《韋驤集》、宋本《林之奇集》、《元秘史》。今《戰國策》既爲余得，而韋、林二集余亦見過，當訪其全。所藏吾許借，余有景宋抄孫之翰《唐史論斷》，雲莊曾託念鞠來借校，余惜書癖，亦萌拒之。後以抄本托校，又因補録文繁，未及竣事。雲莊遂有嫌，屬鮑丈以此書來蘇，可歸袁，勿歸黄。好作浙東游。澗薲與雲莊友善，去秋見書目，屬念鞠取示各樣本，未之許，擬買往訪之〔二〕。二月二十六日，積雨悶人，非石着屐見訪，出書索非石詩，因題於首。余復用此詩韻續補前跋所未盡之意，率成一首。適綬階亦來，在書塾與方米聚談，遂録於後，仍請非石、綬階、方米諸君正之。蕘圃。」

袁氏手詩曰：「書付無雙士，圖歸五硯樓。良朋多作合，卒歲亦無愁。不惜餅金擲，惟欣秘笈收。今來觀跋尾，題句勝清游。重「無」字，以「可消」易「亦無」。己未春仲，訪蕘圃二兄於士禮居，重觀所得宋刊《戰國策》，次非石題句韻請正。去臘君得此書由余，而余得南田畫册由君，故詩中及之。漁隱主人袁廷檮拜稿。」

夏氏手詩曰：「琅函來有自，跋認絳雲樓。君只藏書樂，人都卒歲愁。聚真緣所好，美亦定勝收。今日重開卷，同觀聚舊游。方米居士夏文燾草。」

顧氏手詩曰：「人間真本在，勝借目耕樓。我獲銘心賞，君擔交臂愁。兼金誇未抵，雙璧擬都收。請捩桐鄉柁，相期换歙游。應蕘圃命繼和。澗薲顧廣圻稿。」

黄氏又跋曰：「此書爲毛榕坪故物。余與榕坪雖居在同城，蹤跡不甚密，故未及細問其原委。前月杪，榕坪偕孫淵如觀察訪余，因暢敘兩日。晤言及此，榕坪謂余曰：『余得此書於馮秋鶴家，其先世有名黔者爲顯宦，從他省得來。』榕坪從秋鶴手易歸，卷中所鈐『馮氏秋鶴』即其印也，爰志其書之來歷如此。至卷末『澤存堂藏書印』，不知何人。康熙時有張姓名士俊者，曾翻雕宋本《玉篇》、《廣韻》於澤存堂，豈其人歟？夏五月端午後三日，丕烈識。」下鈐「蕘圃」朱文方印。

顧氏手跋曰：「是書雅雨堂刊行者頗爲改易，賴此始見其真，不僅古香醃䣜爲可寶也。惟刻修處未能盡善，如第六卷第四葉首三行，與小讀書堆所藏抄本不同，鄙意以爲初槧當如抄本。附録於後，以俟蕘圃論定之。己未二月，顧廣圻書。」

校注

〔一〕「仍」，鄒稿作「曾」；南圖《藏書志》稿本原亦作「曾」，後朱筆改爲「仍」，今據改。

〔二〕《蕘圃藏書題識》「買」下有「舟」字。

水經注四十卷

明黄省曾刊本。漢桑欽撰，後魏酈道元注。每半葉十二行，行二十字，注低一格，白口，單邊。錢叔寶舊藏，其子功甫手校，據朱謀㙔本，並抄補首三卷及卷中缺葉。三卷後有功甫跋語一則，署「八十二翁」，下鈐「錢長公」印。卷末又有功甫三跋，亦署「八十二翁」。而卷端另紙上有不署名某氏記語，爲叔寶校誤也。藏章有「錢氏書印」朱文、「錢氏叔寶」白文二方印，「中吴錢氏收藏印」朱文長方印，「蘭九珍藏」朱文方印，「沈印穀似」白文方印。

錢氏手跋曰：「五嶽山人於嘉靖甲午以宋本《水經》重刊於家，先君隨即刷印一部，不知何故失去首册。爾時補印，似無難者，荏苒因循。板既遠售，首册缺如，迄今深以爲恨。不佞知學即好其書，而訛錯盈卷，每覽輒厭。頃聞豫章鬱儀王孫注箋精審，友人陳參戎從彼中來，獲以見貺，疑滯頓釋。因假史辰伯元本抄完三卷，自七月初三日至十三日始畢。老目幸明，不以爲疲，然每爲坐客嗤鄙，以爲何自苦如此。嗚呼！先君印是書垂八十五六年，小子幸存，奚憚而不爲乎？今歲三伏少熱，新秋薦涼，老人殊不苦也。天啓二年七月十三日，八十二翁燈下書。」下鈐「錢長公」白文方印。

又跋曰：「萬曆甲寅六月朔日，閱於南宫坊之新居。地理糾盤，名目雜互，既難尋繹，而刻字舛謬，善本艱獲，雖隨文校改，別罔據正，慨懊之甚。初四日記。」

又跋曰：「天啓二年五月晦，始得豫章注箋，少加校正，積疑涣釋。連日亢旱得雨，軒窗薦涼，筆記於此。六月十四日，八十二翁用朱筆書。七月初三日起至十三日，抄補首册三卷，完爲全書。」

黄氏手跋曰：「道光癸未正月二十一日訪舊城南，歸途憩臬轅東中有堂書坊。主人鄭姓，余數十年友也。人既樸實，無時下叫囂習氣，遇有古籍，必携以相質，爲余言之不相誑也。是日主人不□家，見插架有《水經注》舊刻本棉紙者，取視之，知爲黄省曾刻，而失其首三卷，已抄補全。抄刻卷中皆有朱書校勘，初不知爲誰何筆。既而諦視首末册朱墨書及諸圖記，始知出錢叔寶、功甫父子手，書法圖記，證以他所藏書無少異，唯『錢長谷』一印無考。考功甫原名府，字允治，後以字行，更字功父，又號少室山人，故稱之曰少室先生。案《志·錢穀傳》附見：『子允治，字功甫。貧而好學，酷似其父。年八十餘，隆冬病瘍，映日抄書，薄暮不止。殁無子，遺書皆散去。自是吴中文獻無可訪問，先輩讀書種子絶矣。』據此，則

『八十二翁』之稱非功甫而何？特『錢長谷』一印他未之見，檢《韻府》『谷』字下引『長谷之山，杳杳巍巍』，見《抱朴子》，殆即少室類乎？又跋云『今歲三伏少熱，新秋薦涼，老人殊不苦也』，知寒暑不輟，一燈熒然，光景如在目前也。余年與學俱不逮古人，而嚮慕之心無時或已，故遇此如獲珍珠船矣。驚蟄節記。」

又跋曰：「續經諦審圖記，乃『長公』，非『長谷』也，余所引證，未免舉燭之誤矣。季夏下澣一日，蕘夫記。」

某氏手跋曰：「黄省曾號姬水，明萬曆人。善書，與王雅宜諸人齊名。錢叔寶號子璧，名穀，工山水人物，亦善隸書。明天啓間人。此書姬水所刻，而叔寶校誤，頗費苦心，然尚有差訛，因工板不善也。」

韓氏手跋曰：「按卷三末功甫記語，天啓二年自稱八十二翁，叔寶爲功甫父，右條謂之天啓間人，誤。咸豐庚申，應陛記。紫筆度馮開之先生手校本。」

又跋曰：「按馮校本亦黄刻，兹度入此本。有不能從馮而語出自應陛者，加『按』字及『應陛按』等字，或用小名印，或用『◎』，否則具直寫原文也。原文改入字多蓋本字上，兹重錢手書，不敢污損，其改入字，衹旁注改去字，字旁加改入字。有爲錢抄補已改正者，字旁加『○』。馮自於字旁作『○』者，不得不變從『●』字，以爲分别耳。馮改入字與此本改入字同者，將本字注入下方，亦用『◎』，以别於馮下方自注字。皇清咸豐八年十月，華亭後學韓應陛記。」

又跋曰：「黄筆度馮本上小字朱筆校本。按小字朱筆在馮後，然似亦出明人手。馮本前後各印，馮開之先生名號各印外，有『馮氏三餘堂』、『馮文昌』、『長樂』、『茅齋』四印。此小字朱筆，不知究出誰手耳。應陛。」

又跋曰：「按序前有國朝人記語幾行，稱叔寶校誤。末册三十七卷前有蕘翁跋一紙，稱功父手書。叔寶、功父父子手筆，愧未能審定，但逐册起俱有叔寶印，獨首册失去，經後抄補者無有，可知是功甫抄矣。十一日又記。」

水經注四十卷

明黄省曾刊本。初印，完善無疵。藏章有「孫氏萬卷樓印」朱文、「孫印承澤」朱文二方印，「家世珍藏」白文大方印，「王楝之印」、「永年伯章」白文二方印，「吴元潤印」、「澤均」白文二方印，「長洲謝堂吴氏香雨齋珍藏印」朱文長方印，「香雨齋」朱文圖印〔一〕。

校注

〔一〕「圖」，疑爲「圓」字之訛。

水經注四十卷

舊抄本。戴震東原注。卷中有朱、墨、黄三筆注校，均不署名，不審誰氏手筆。此書韓氏於咸豐八月六日得於黄氏士禮居，見書衣小注。

水經注四十卷

明抄棉紙藍格本。每半葉十一行，行二十二字，注低一格。卷首有西臯主人識語。韓緑卿據朱謀㙔本校。藏章有「李更生字南枝」朱文方印，「沈印廷芳」白文、「椒園父」朱文二方印，「古柱丁中父」朱文方印，「廷芳」白文方印，「臣廷芳」朱白文、「盥蒙居士」朱白文二方印。

西臯主人手跋曰：「《水經》余向有善本，藏於松陵月滿樓中，甲寅兵後遂失之。今購此聊備翻閱，但苦遺謬甚多，不遑讎校，姑存諸以俟歸畊之暇再定丹黄可耳。丙辰夏五竹醉日，西臯主人識。」下鈐「名在漢人中」白文、「□心□古」朱文二方印，起首鈐有「芳草」朱文印。

沈氏手跋曰：「此本雖舊抄，字多粗率，訛謬實繁。中有前後校正之筆，亦未盡當。乾隆戊寅夏初，余甫自東粤歸，將赴修門，道出海昌之石漾，登先外祖宫詹查公澹遠堂，獲之書賈，匆匆北上，未暇細讎。旋補㳿臯，又以案牘勞形，不遑觸手。今日偶閒，一爲檢視，家藏項氏絅刊本以未携，不能校對。又聞同年全吉士祖望、族兄徵士炳謙均有訂本，尋當假以改正，書此爲左券云。是歲九月後五日，仁和沈廷芳志於臯署之挹華齋。」

韓氏手跋曰：「酈氏之學，素未從事。咸豐七年臘月，湖州書友顧姓持此書來，收之。書係舊抄本，首有丙辰夏五西臯主人題，末有乾隆戊寅九月仁和沈椒園廷芳誌語。書爲坊間人重編，失次不免，手爲更正。因取舊存朱南州謀瑋［㙔］箋評本略爲對勘。朱本十八卷第一條『又東逕武功縣北』，注『長安人劉終於崩』，下即接『志也惠公考公立是穆公之後』云云〔一〕，於『崩』字下箋云：『此下文理不屬，蓋脱簡也。』按朱固以(識)〔謝〕耳伯宋本及元本校正者，而亦缺此，即本書朱筆校者，亦謂『刻本遺落，須尋别本校對』，是此處脱簡各本皆同，而此本乃獨多二十一行，上下脉絡俱貫。又朱所引宋本，多與此抄同者，而多爲朱筆抹去。因隨手籤出各條黏上方，據此知此本係從别刻完善宋本未經脱簡者抄出，而朱筆所據乃係别本，即屬宋本亦係脱簡後校改本耳。即如十八卷内一條，朱筆據刻本改『於』爲『云』，『云崩』下增『亡也』二字，蓋中既脱去二十一行，『於崩志也』四字接連，『志』字又或以形近『妄』字致訛，校者以『劉終於崩妄也』文理不通，遂亦以『妄』作『亡』，而又改『於』爲『云』，而鎦終竟變爲注釋人，『長安』以下數字又將變以注語字，雖可笑，而其校改致誤之由具有條理可尋也。書中朱、墨筆校字不著所據之本，當係疏漏，或亦原本已自録入另紙，裝書時爲人失去故耳。余年老，精神衰憊，温習舊業且不足，豈能更從事新學。惟雖不復事此，而固能知此本之佳，因書此以告世之喜此學者，俾知此本之可貴耳。應陛，五日燈下。」

校注

〔一〕鄒稿與南圖《藏書志》稿本同，據明萬曆四十三年李長庚刻本，「志」當作「忘」，「考」當作「孝」。

赤雅不分卷

舊抄本。明鄺露撰。崇禎乙丑薛采序。不分卷。有「雲軒珍藏」朱文方印。

黄氏手跋曰：「鄺湛若《赤雅》，《知不足齋叢書》中有刻本。近坊間收海昌許士杰家書，有舊抄本，取對鮑刻，惟卷首有總論標題一行、《夷風論畧》一篇，爲鮑刻所少，因急購之。許爲海昌著姓，與查氏同稱，故其所蓄多查氏著述並其家手録者，皆詩集與傳録古人詩集。惜索直過昂，未能盡得，止留靖節古詩、子美律詩選本，係查岐昌藥師編輯，留作案頭清玩而已。復翁。」

又跋曰：「許氏所藏之書，間有『謨觴山房』一印，余卻不知其典實。舉以問榕皐丈，云似記有所出。復詢獨學翁，並云謨觴地名，是藏書之處，似出《穆傳》。隨檢之，止有郡玉、策府，若謨觴未有也。獨學許爲查示，余不及待，仍問諸榕皐丈，伊哲嗣理齋札復云，謨觴出《記事珠》『嵩高山下有石室名謨觴，内有仙書無數，方回讀書於内，玉女進以飲食』。《佩文韻府》有此條。蓋獨學翁之言不謬也。附記備考。復翁。」

南部新書十卷

舊抄本。宋錢希白撰。某氏用朱墨筆校。卷末署款子真子墨書數行云：「延祐丙辰菊節前六日，以蜀本對，皆不同。此所有者，蜀本不載；彼所載者，此亦不收。兼無序可考〔一〕，初欲校過，遂爾中輟。子真子。」藏章有「彭城」白文、「錢孫臨」白文、「清白堂印」朱文、「馮巳蒼」白文四方印〔二〕、「長樂」朱文橢圓印。按，細審所抄及跋語，似出一人手筆，或即爲清隱老人手跡。

清隱老人手跋曰：「洪武五年歲次壬子仲夏九日乙卯，在華亭集賢泗北村居且喫茶處寫畢。清隱老人識，時年七十有六。」

又跋曰：「《南部新書》，錢希白撰。子明逸序云，凡三萬五千言，事實若干，列卷十。今元本止一萬五千言，事實二百五十有七，亦列卷十。所以子真子唐德誌云〔三〕『以蜀本對皆不同，此所有者，蜀本不載；彼所載者，此亦不收』，惜乎欠一對耳。余家所有曾公《類説》，所收事實八十，校之今本所無者，凡二千餘言、事實五十有一，作補遺録於右。《類説》省文，所言甚節，以伺舊本訂正云。清隱老人志，時洪武五年五月廿八日甲戌，寫於泗北村居且喫茶處云〔四〕。」

某氏手跋曰：「向在錢牧翁齋中見此書，共三大帙，此不過三之一耳，非全書也。然是楊夢羽舊藏，簽票、卷端皆楊手書，勿輕之。己卯秋仲〔五〕。」

校注

〔一〕　此本今藏上海圖書館。「可」，鄒稿誤作「無」，據原本改。

〔二〕　「馮巳蒼」，鄒稿作「馮己蒼」，據原本鈐印改。

〔三〕　「德」，原本作「君」。

〔四〕　「居」，鄒稿作「屋」，據前跋及原本改。

〔五〕　此跋朱筆書，《中國古籍善本書目》著録題跋者爲馮舒。

唐史論斷三卷

舊抄本。每半葉十行，每行二十字。藏章有「菊莊徐氏藏書」朱文、「虹亭抄本」朱文、「虹亭徐釚」白文三長方印，「太原王氏收藏圖書」白文、「王鳴盛印」、「西莊居士」白文、「平江黄氏圖書」朱文四方印。

黄氏手跋曰：「《唐史論斷》余向藏影宋抄精本，每篇論斷前有正文，當即其所撰《唐史》也。恨無别本，未及校勘，頃已歸於藝芸書屋汪氏矣。適書去之後，書友以徐虹亭藏舊抄本示余，遂收之，並無《唐史》，但存《論斷》。留於案頭，猶勝無書。末附曾、歐、蘇三公所撰諸文字節文，似宋本所無。其餘書跋、牒文，亦似有異同。惜影宋已轉歸他所，不能一一勘定也。丙子歲初三日〔一〕，廿止醒人記。」

校注

〔一〕「丙子歲初三日」，《蕘圃藏書題識》作「丙子歲三月」。

史通殘本十三卷

明萬曆刊本。存一至十三卷。卷中朱筆係蔣篁亭手度何義門校，據韓緑卿題書衣稱「蔣篁亭手度何義門校」爲證。每半葉十行，行十九字。刻畫清挺。板心下有刻工姓名及字數。

讀史問奇不分卷

舊抄本。方暹約庵撰。似其手稿，前後有方暹序跋。藏章有「方暹」白文、「約庵」朱文、「方外不緇僧」白文、「黄印丕烈」朱文四方印，「□在玉山中」白文、「深情記毫素」朱文二長方印。

註陸宣公奏議十五卷

元至正甲午仲夏翠巖精舍刊本。每半葉十二行，行二十三字，小注雙行，行「字」同，黑口，雙邊。首列權德輿序，序後刊有牌子。序文後有「萬曆改元春正月穀日振川葉魯封買藏」墨書十六字，爲葉文莊舊藏。此本楮墨俱精，元槧中之傑出者。藏章有「葉文莊公家藏」朱文楷書長方印，「葉氏世翰」白文、「世翰」白文、「丙戌頭陀」白文、「儉□」朱文四方印，「恬澹堂藏書印」朱文長方印，「華□寒碧莊印」白文、「曾在東山劉惺常處」白文、「華□劉氏家藏」朱文三長方印，「寒碧莊章」白文、「查文□曾孫」朱、白文重二方印，「彭城伯子」朱文圓印，「空翠閣藏書」朱文、「傳經堂鑒藏」白文二長方印，「傳經堂印」白文、「傳經後人」白文、「蓉峰」白文、「臣恕私印」朱文、「蓉峰」白文五方印。

附録書牌

中興奏議本堂舊刻盛行於世近因回
禄之變所幸元收謝疊山先生經進批點
正本猶存於是重新綉梓切見棘闈天
開策以經史時務是書也陳古今之得
失酌時務之切宜故願與天下共之幼
學壯行之士倘熟手此則他日敷奏大
廷禹皋陳謨不外是矣
至正甲午仲夏翠巖精舍謹誌

吕忠穆公奏議三卷

明刊本。淳熙甲午趙粹中序。卷首第二行有「十二世孫吕清校刊」八字，後有「嘉靖庚子仲冬長至十三世孫吕欒稽首謹識」十八字一行。每半葉七行，每行十六字，黑口。藏章有「季振宜藏書」朱文、「季印振宜」朱文二小方印，「御史之章」白文、「季印振宜」朱文、「滄葦」朱文三大方印。

考古圖四卷

宋吕大臨撰。元大德刊本。首列元祐七年吕大臨行書自序，次大德己亥冬至古迂陳才子行書序，又大德己亥陽復日（茶）［荼］陵陳翼子翼俌序，又次《考古圖》所藏姓氏。每卷標題「考古圖卷幾」，皆八分書騎行，次行列「默齋羅更翁考訂」。每卷首皆列目録。每半葉八行，行十八字，小注雙行，行廿字，雙邊，黑口。藏章有「朱彝尊錫鬯父」白文、「胡印震亨」白文、「孝轅氏」白文三方印，「古墨齋」白文長方印，「張印燕昌」白文、「石鼓亭」朱文、「夏客印」白文三方印。

金石録三十卷

雅雨堂刊本。顧澗蘋、黄蕘圃用朱墨筆手校。

顧氏手跋曰：「《金石録》惟此最善，錢叔寶手抄者不能及也。近盧運使曾經刊行，然實無此兩真本，故大要甚舛。今家兄抱沖既皆收得，因借以細校，特多是正，惟惜未並得吴文定家本相證。乾隆甲寅六月十一日，廣圻記。」下鈐「顧澗蘋手校」白文方印。

黄氏手跋曰：「東城騎馬巷顧肇聲家藏書甚富，及余知蓄書，其家書散逸久矣。惟此《金石録》及葉石君手抄《大金國志》尚存，相傳程疲樵曾欲收之，因索直昂，未之得也。余由其族人取閱之，仍以議價不妥還之。遲之久而知《金石録》已歸吾友抱沖，所存《大金國志》余即歸之，儲諸讀未見書齋矣。既抱沖弟澗薲爲余言，《金石録》之妙無過此本者，有手校本示余。余病其行款當未細傳，復向小讀書堆借得原本自爲對勘。中以他事作輟，澗薲爲余補校，悉照原本傳録。至葉本妙處，俟後之讀者自領之。嘉慶己未中春月雨窗燈下，棘人黄丕烈。」

顧氏又跋曰：「右本爲蕘圃所校而予續完之者。葉本妙處，亦略擇極精者標著下方，餘散在行間，皆可領得矣。雅雨堂書尚非惡刻，乃其舛如此，即一易安後序已不勝指摘，而全書何論乎。義門雖知用《隸釋》互勘，然所取僅載此跋尾之三卷耳，他如原碑全文散在《釋》、《續》中者，且未遑細校，又曷怪其多誤改也。重讀益歎葉本之妙。顧澗薲校畢記。」

黄氏又跋曰：「癸酉春三月，從書賈處獲見義門跋陸敕先以錢罄室手抄本校勘者，索直十番，囊慳未得。余於古書之緣日深一日，於購書之力年絀一年，遂致交臂失之，是可歎也。《金石録》向最著名者三本，一葉文莊公本，二錢罄室本，三吴文定本，余皆見之而未及收，何論此本之居於次者耶。葉、錢本藏諸小讀書堆，他日猶可蹤跡，惟吴本不知流轉何所，徒勞夢想，則此陸校何跋者，後之視今，不猶今之視昔耶？附載此一段凄楚之懷於臨校葉本上，彼後之覽者，亦有感於斯。三月上巳前一日，連日陰晦，今始放晴。復翁記。」

又跋曰：「既書友允以四番易去，而貼余家刻抵直二枚，陸校仍復歸余。書不舍余，余其敢舍書哉。同日燈下記。」

紹興内府古器評二卷

明抄本。無序有目。每半葉九行，每行十八字。藏章有「荔園」白文長方印，「馮彦淵收藏記」朱文方印，「楊灝之印」白文、「繼梁」朱文、「容齋」朱文三方印，「汪士鐘藏」白文長方印。

馮氏手跋曰：「崇禎庚子歲得秦季公抄本，因命家伻録之，時秋盡日也。海雲馮彦淵識。」下鈐「彦淵」朱文、「知十印」白文二方印。

黄氏手跋曰：「此書得諸華陽顧氏，已有馮彦淵題識，可謂名書。頃書友攜蔣氏賜書樓書一單，中有是書抄本，即所謂秦季公本也。末有袁表題識，云借抄於吴方山。則此抄之祖本雖得見，而吴本不知又在何所。書籍各有源流，何能盡遇之耶。書此誌幸，兼誌慨焉。嘉慶甲戌秋日，復翁。」

隸韻殘本三册

舊抄本。藏章有「戈小蓮秘笈印」朱文長方印，「戈襄私印」白文、「小蓮」朱文二方印，「臣印戈載」白文、「順卿」朱文二小方印，「半樹齋戈氏藏書之印」朱文方印。

顧氏手跋曰：「此殘本劉球《隸韻》，第三、第八兩卷别出松江張氏，故不與前相羼〔一〕。吾友小蓮抄書於浙江，得此種以示予者也〔二〕。昔洪文惠《漢隸五種》，惟《韻書》不成〔三〕，婁彦發《字源》最行於世，予嘗據之以正今本《釋》、《續》二書點畫之訛〔四〕。但苦《字源》所注之數易於舛錯，使如此書之悉注碑目，又烏可移易哉。且其體勢亦迥非元人《分韻》所及，小蓮當珍賞之。予暇時擬就抄其副焉。己未五月，顧廣圻書。」下鈐「澗蘋」白文小長方印。

校注

〔一〕此本今藏臺灣「國家圖書館」。「與」，鄒稿誤作「事」，據原本改。

〔二〕「予」，鄒稿誤作「余」，據原本改。

〔三〕「韻書」，鄒稿誤作「隸韻」，據原本改。

〔四〕「二」，鄒稿誤作「亦」，據原本改。

石經考二卷

知不足齋抄本。萬斯同撰。板心下有「知不足齋」四字。戈小蓮手校本。藏章有「半樹齋戈氏藏書之印」、「小蓮校本」朱文二方印，「我思古人」白文橢圓印。

籀史一卷

舊抄本。宋翟耆年撰。此書從竹垞藏本抄出，末有墨書二行云：「《籀史》上下兩卷，此卷從竹垞借抄，云傳者止此一卷，其下卷遍訪之藏書家，終無可得也。」藏章有「紅豆齋收藏」白文長方印，「紅豆山房校定善本」白文長方印，「春草閑房手定」朱文方印，「惠棟之印」白文、「定宇」朱文二方印，「披懷高詠」白文方印，「半樹齋戈氏藏書之印」白文方印，「戈小蓮秘笈印」朱文長方印，「臣印戈載」白文、「順卿」朱文二小方印。

王氏手跋曰：「宋黄鶴山人翟耆年伯壽，公巽參政子，能清言，工篆及八分，巾服爲唐裝。所著《籀史》上下卷，佚其下卷，曹秋岳侍郎倦圃藏書也。此書足資博古好事家考證，惜佚下卷，不免遺憾耳。漁洋山人跋。」下鈐「池北書庫收藏」朱文方印。

戈氏手跋曰：「此卷余從王漁洋《説部精華》中詳考無誤，下卷在漁洋時已失，但其跋即《説部精華》所論《籀史》，一段首尾恐未必真漁洋書也。乾隆乙酉仲冬長至日，小蓮子識。」下鈐「戈襄」朱文小方印。

石墨鐫華八卷

明萬曆戊午初刻本。有趙崡自序、康萬民序。汲古閣舊藏，有毛氏手跋。目録上都鈐有一「晉」字朱文小方印或「晉」字小圓印。又有一「西河」白文長方印，蓋毛氏自有之記别也。卷中朱、墨筆均爲毛氏父子手跡。藏章有「仲和氏」朱文、「□醉先生」白文、「子孫南之□□」朱文、「錢唐徐象梅家藏圖書」朱文、「萸山」朱文、「席氏玉照」朱文六方印。

毛氏手跋曰：「陝西西安府學宋向拱鎮長安，摹搨古碑三千餘本，民以爲害，往往鑱削其字。韓縝修壩橋督工急，民磨碑石供之。遭此二厄，故缺者甚多。宋搨有未遭厄者，或全且不剥蝕，所以珍貴。」下鈐「毛晉秘篋」朱文方印。

黄氏手跋曰：「余向收《石墨鐫華》，爲金耿庵手録本，重其名抄也。頃從試飲堂顧氏復得此明刻舊本，兼爲毛氏父子收藏，中多手跡，古香尤覺可愛，因與金耿庵抄本並藏。名抄舊刻，一書而兩全其美，豈不幸歟。壬戌仲冬，蕘翁丕烈。」

石墨鐫華八卷

即前書黄跋所謂金耿庵手録本也。卷末有「甲辰秋九月借王道樹藏本手録」十三字，下有「耿庵」朱文小長方印。藏章有「平江黄氏圖書」朱文方印。

韓氏手跋曰：「咸豐庚申二月到滂喜園黄氏閲書，此金抄本及毛藏本皆在，因並取回。毛本朱筆不止一人手，其爲大毛、小毛與出他人手，皆無從識得。因以朱、緑、赭三色分别度入此並黄跋如右。三月十八日，韓應陛記。」

又記云：「毛本目上多有『晉』字方、圓小印兩種，兹以大小重輪印代之。又記。」

大元聖政國朝典章殘本

明抄密行本，不分卷。皮紙堅潔如新。所載皆官制、刑律、上諭等類。

黄氏手跋曰：「此書無標題，據書中夾籤云『大元聖政國朝典章』，其書根又號曰『至治綱目』〔一〕，未知究爲何書。余從故家收得，藏諸篋中久矣。頃書友以精抄《大元聖政國朝典章》求售，因略知梗概。其書凡六十卷，首詔令，次聖政，次朝綱，次臺綱，次六部。書成於至治之初，以其稱英宗爲『今上皇帝』故知之。今案此書係不全本，開卷有『兵部』字樣，當是後半部。考潛研堂跋《元聖朝典章》云，其後又有《至治二年新集條例》三册，仍冠以『大元聖政典章』之名，前後體例俱準舊式而不分卷第。據此，則是書爲《至治條例》確然可信矣。余向未目驗《大元聖政國朝典章》，疑此即是。今目驗六十卷本，而又證諸潛研所言，方知此書之名『大元聖政國朝典章』徒襲其名，而非其實也。爰書數語於卷首，以告來者。時嘉慶乙丑春三月下弦後一日，坐雨百宋一廛書。蕘翁黄丕烈。」

校注

〔一〕「至治」上《蕘圃藏書題識》有「元」字。

朝野類要五卷

舊抄本。宋趙升撰。有「平江黄氏圖書」朱文方印。

韓氏手記曰：「滂喜園又見開萬樓藏抄本，與此款式不同，兼有遺失條。九月九日。」

朝野類要五卷

舊抄本，即開萬樓所藏抄本是也。藏章有「開萬樓藏書印」朱文、「竹垞」朱文二長方印，「黄印丕烈」、「蕘圃」朱文二方印。

南詔野史一卷

明抄藍格本。明滇人倪輅撰，楊升庵序。藏章有「叔埏」白文、「劍舟」朱文二小方印，「梅石居」白文長方印。

平宋録一卷

舊抄本，極精。藏章有「竹景盦」朱文、「趙印輯寧」白文二方印。

澄懷録一卷附登西臺痛哭記一卷平江記事一卷

舊抄，據芝秀堂本。周密輯並序後。

靖康孤臣泣血録不分卷

舊抄本。宋太學士丁特起述。餘味齋、士禮居舊藏。

庚申外史二卷

明抄本。葛溪權衡以制編輯。卷末有序稱：「葛溪先生姓權名衡，字以制，吉安葛溪其地號，隱太行山彰德府黄華山二十八年不仕。太不花、丞相李察罕嘗以禮聘，俱不應。洪武辛亥，偶在海陵鹽船中相見。著書甚多，集中因有此録，遂廣其傳云。」又一序云：「迪簡受命尚書，尚書奉命中書，中書奉旨差人遍行天下，訪求庚申帝三十六年史事。」又曰：「迪簡往汴梁。忠之昔事龔伯遂，伯遂死，忠之山居。擴廓延至幕下，以此能言二十年來天下之用兵、朝廷之得失。」

是此書爲權衡所著，而迪簡爲之具報官府者。惟後序之「忠之」，與前序之「葛溪」，玩其語意似即一人。所謂「庚申帝」者，即元順帝也。藏章有「五龍山房」白文、「神超氏」朱文、「慈□」朱文、「翼威氏」白文四方印，「尚友齋圖書印」朱文長方印。

出使録一卷附北征事蹟一卷

明抄本。是書共二十頁，紀英宗土木之役被也先北虜事。前十二頁《出使録》，爲兵部右侍郎李實自出使虜中，至隨英宗還朝，紀其與也先議和時之一切言論事實。後八頁《北征事蹟》，爲校尉袁彬隨征土木，被賽伏劉所虜，同帝北行至蘇武廟，紀其行時情狀，及密使總旗高贇去漢奸喜寧，然後帝得回京事。兩書雖出一時，而所紀出兩人，所談亦不一事。

金國南遷録一卷

舊抄本。張師顔撰。末有元大德丙午浦元玠序、至正戊戌浦梅隱識。

建炎復辟記一卷附南渡大略

韓氏手記曰：「此爲張青芝先生子充之手抄，已未得之滂喜園黄氏。應陛記。」

使西日記二卷

明刊本。都穆撰。每半葉九行，行十七字，單邊，白口。有列銜「通議大夫户部左侍郎毘陵邵寶」序。藏章有「士禮居藏」八分書朱文長方印。

黑韃事略一卷 連下共四種合一册

宋永嘉徐霆著。明嘉靖丁巳姚舜咨手抄本。每半葉十行，每行二十字，板心有「錫山姚氏茶夢齋編」八字。

姚氏手跋曰：「是編爲故太史王懋中氏家藏，余近於其弟上舍君處借録。秋日苦短，繼之焚膏始訖，同志者諒余衷云。嘉靖丁巳秋九月望夜，勾吴茶夢道人姚咨識於華秋官之寒緑軒。」

籌邊一得一卷

明文易著。嘉靖乙卯姚舜咨手抄本。行款、板心與前書同。

姚氏手跋曰：「乙卯仲冬三日，積雪映窗，堅冰膠硯，勉强秉筆，蓋不知其寒也。人之有志於西陲者，當究心斯編。六十一老咨識。」

渤泥入貢記附渤泥表文

明宋濂撰。明抄本。每半葉十二行，每行字數不等。

慧山記一卷

明二泉山人邵寶著。明抄本。行款板式同上。

黄氏手跋曰：「郡城閶門外上津橋骨董鋪，目不識書者也，其附近有故家書散出，多歸之，惜無舊刻名抄，惟此尚是姚舜咨藏本。書共四種，《黑韃事略》、《籌邊一得》乃其手跡，有跋語可證。余舊藏其抄本甚多，此可並儲矣。戊辰閏五月，復翁。」

韓氏手記曰：「按嘉靖乙卯至崇禎甲申共八十八年，姚年已六十一，姚生時蓋猶在明中葉。咸豐八年五月得之蘇州士禮居，七月二日記。應陛。」

溪蠻叢笑一卷桂海虞衡志一卷

宋范成大撰。舊抄本。每半葉八行，每行十六字。卷末有「錢遵王也是園藏書」八字。藏章有「黄印丕烈」、「蕘圃」朱文二方印。

黄氏手跋曰：「是書出東城顧氏，余向藏之有年矣，近始爲友人攜去。適小讀書堆亦有是本，其寫手如一，想當日録是書者非一本，故兩本如出一手也。乃小讀書堆既還之，而余本友人亦見還，兩本卒未一校，不知有歧異否也。己卯秋孟，復翁記。時末伏第七日，秋暑未退，甘雨久缺，農夫望澤矣。」

吴下塚墓遺文三卷續一卷續編一卷

舊抄本。明都（睦）[穆]撰，吴寬序。續一卷明葉恭焕撰〔一〕，自序。每半葉十行，行十九字。《遺文》共三十七篇，《續》六十篇。王蓮涇屬工抄，板口有「龍池山房秘本」六字，墨匡黑口。係汪翼暉、張禹嘉、黄蕘圃三人手校本。《續編》極似蕘翁手書，板心無龍池山房六字。藏章有「東吴王蓮涇藏書畫記」朱文長方印，「聞遠」白文、「王叔子」朱文二方印，「蓮涇珍藏」白文、「子孫保之」朱文二方印，「黄印丕烈」、「蕘翁」、「蕘圃」、「平江黄氏圖書」朱文四方印，「士禮居藏」八分書朱文長方印，「壽鳳之印」朱白文方印。

王氏手跋曰：「歲己丑秋仲之七日，偕西賓翼暉汪兄、中表張禹嘉弟校讐一過。蓮涇王聞遠識〔二〕。」下鈐「聞遠」、「王叔子」白、朱文二方印。

又跋曰：「《吳塚遺文》三卷，又《續遺文》一卷，崑山葉文莊公家所藏秘本也。己丑歲杪，葉遂鬻書於書賈，予介沈君寅若借觀，如獲球貝。因倩工抄録之，裝潢成帙，即偕西賓翼暉汪兄、中表張禹嘉弟校讐於孝慈堂。其中謬誤特多，不敢臆改者，仍其舊也。時己丑歲中秋日，蓮涇王聞遠識。」下鈐「聞遠」、「王叔子」白、朱文方印。

黄氏手跋曰：「《吳塚遺文》二册，正三卷、續一卷，王蓮涇所藏本也。余與蓮涇族孫秋濤交好，故所得較多。此册亦係孝慈堂故物，然却於他處得之，知其散佚者久矣。閱蓮涇後跋，謂是葉文莊公家藏秘本而倩工傳録者。則此書流布絶少，得此猶足以考見我吳碑刻文字，不致與荒烟蔓草同零落於墟墓間也。乾隆乙卯十二月望前一日，雪霽窗明，檢書及此，因記數語於卷端。棘人黄丕烈。」

又跋曰：「嘉慶乙丑元夕後一日，孫壽之以别本屬校，取其字句之彼善於此而此反可賴彼是正者，略著於上下方。蕘翁識。」

瞿氏手識曰：「道光五年七月，嘉定木居士瞿中溶借讀。」又識曰：「道光乙酉八月，瞿中溶於士禮居主人蕘翁處借讀並識。」

校注

〔一〕「葉」字鄒稿脱，今逕補。

〔二〕「王」，鄒稿訛作「汪」，今逕改。

墓銘舉例三卷

明抄棉紙藍格本。吴郡王行止仲編。藏章有「葉氏菉竹堂藏書」朱文圓印、「平江黄氏圖書」朱文方印。

道藏目録詳註四卷

明抄本。明白雲霽撰。上有凡例。每半葉十行，行二十字。注雙行，均低一字。卷端有恬道人手跋云：「按《彙刻書目》所刊，惟載書名卷數耳，即撰人姓氏亦不著，惜不以此註節其大略也。恬道人記於蘇臺邸舍。」藏章有「輕璧重□」白文、「英雄回首即神仙」朱文二方印，「磊磊落落」白文、「敉恬子吴晉德」朱文二方印。

建文書法儗五卷

明刊本。明朱鷺撰並序。分前編一卷、正編二卷、附編二卷。藏章有「戈小蓮秘笈印」朱文長方印、「半樹書屋」白文方印。

海虞毛子晉題跋二卷

汲古閣寫刻本。有錢謙益序。藏章有「南陽叔子藏本」朱文長方印。

釣磯立談一卷墨經一卷

曹楝亭刊本〔一〕。序三葉抄補。義門以汲古影宋抄本朱筆校，蕘翁以五硯樓藏影宋抄本墨筆校。藏章有「校本」朱文、「靜巖珍秘」白文、「一經後人」、「范文安珍藏」朱文、「宗駿」白文、「芝僊」朱文六方印，「芝仙」朱文長方印，「范家駿讀書處」朱白文、「顧印廣圻」白文二方印，「顧澗蘋藏書」朱文、「士禮居藏」八分書朱文二長方印，尚有二方印，模糊難辨。

何氏手跋曰：「康熙丙申正月二日，義門老民何焯手校。前三葉從子錦官補寫，心友得汲古閣舊抄善本，從賁硯齋寄至都下者也。」

黄氏手跋曰：「己巳初冬至五硯樓，爲袁壻仲和整理其先人壽階親翁遺書。因得見影宋抄是書，雖無毛氏圖章，當是汲古物，與義門所云汲古閣舊抄者異，或即小山所云崑山徐氏宋本而影抄者，蓋卷後『臨安府』云云，實宋本面目也。因校如右，以周抄參之〔二〕。小雪日，復翁識。」

又跋曰：「余友顧澗蘋客揚州，歸舟攜得舊書幾種贈余，此何校《釣磯立談》亦其一也。是書已刻入《知不足齋叢書》中，雖已校補，究非原書面目。惟此校汲古閣舊抄本，又出義門先生手，真善本矣。因珍之重爲裝池，蓋何氏書多經水淫，紙有霉爛痕，遂致破損，非重裝不足以耐久，前附《墨經》仍之。得此書時，曾借香屋書屋别一抄本勘之，稍有異字，用别紙籤之〔三〕。乙丑冬十月十又七日，蕘翁識。」

又跋曰：「丁卯春三月十八日午後，試步至玄妙觀前，遍歷書肆，無一當意者。偶至帶經堂，見架底有不全《揚州十七種》，内有《釣磯立談》，與《糖霜譜》、《都城紀勝》同裝一册，謂可取校何校本，因抽視之。及展卷，喜之不勝，蓋爲何小山校本也。遂袖歸，與義門校本對，乃知義門之校出小山校本。考諸歲月，此爲康熙丙申正月二日，彼爲康熙乙未十月五日從賚硯齋寄至都下，宜有先後矣。且小山跋並載曾見過崑山徐氏大字宋本，尤爲古書添一公案。可見書多一本即有一本佳處，見聞之不可不廣也，信然。以余病後艱於步履，至今日始得步至觀前購書，而即獲此書從出之本，兩書不知分於何時，今日方得重合，抑何幸歟！顧余獨惜小山所云斧季不能借校，不知與宋刻相去又何如爾。復翁。」下鈐「黄印丕烈」朱文方印。

韓氏手跋曰：「咸豐丁巳十二月十七日得之書友席楚白，席取之蘇州于湘山家友人沈錫堂手，價白金二兩四錢。檢知不足齋本，與何校大同小異，所據蓋各一本。知不足齋本每遇曹本異文必注明，然亦仍有遺漏。復翁己丑一條，香屋『屋』字當係『嚴』字之訛。己巳一條，所云周抄是也。蓋始時籤出，已而並寫入耳。十八日燈下記。應陛。」

又跋曰：「按何朱筆據汲古舊抄校，起三葉屬人寫補而不言所據之本〔四〕。余以鮑本對校，祇有序四行。『境物』之『境』，鮑本作『景』，當以音近致訛，餘俱無異。竊疑何所據補寫者蓋即鮑本，而汲古舊抄亦缺此三葉，不然，曹刻自起至終每葉必有一二十字與汲古不同〔五〕，而此三葉者竟無一字異，於理難言之也。何校似亦有不及鮑本處〔六〕，而黄校又似有勝鮑本處。狂瞽之見，未知當否，以俟智者定之耳。應陛又記。」

校注

〔一〕此本今藏臺灣「國家圖書館」，著録爲清揚州使院重刻《楝亭十二種》本。

〔二〕鄒稿「參」後衍「弦」字，據原本删去。

〔三〕「用」，鄒稿誤作「因」，據原本改。

〔四〕鄒稿誤「屬」作「原」；「所」後衍「作」，並據原本改。

〔五〕「起」，鄒稿作「始」，據原本改。

〔六〕鄒稿脱「似」，據原本補入。

釣磯立談一卷都城紀勝一卷

楝亭刊本。韓緑卿手度何、黄校並抄跋語。卷末以朱、藍筆記語云：「朱筆度何義門校，藍筆度黄蕘翁校。」並手記書衣云：「咸豐九年七月，用于湘山藏黄蕘翁藏校本度入此册。」

釣磯立談一卷都城紀勝一卷糖霜譜一卷

楝亭刊本。有「小蓮居士戈襄」白文、「臣印戈載」白文、「順卿」朱文三方印。緑卿手記《糖霜譜》後云：「略檢與照曠閣相似。曾見舊抄本，下鈐『隨意體認』方印，勝此本多多矣。其裝潢頗似述古。」

大唐西域記十二卷

明抄本。釋辯機撰。前有列銜「尚書左僕射燕國公」序，卷末有墨書一「鴟」字，下有「音保」二字。

卷首有「天下第二泉亭長尤鏜校」朱文楷書長印，蓋爲其手校。鈐「□□」朱文小圓印、「小字申生」白文方印。卷中每句鈐一「鏜」字白文小方印。每葉板心左上鈐「鏡湖伯瑺尤鏜」朱文長方印。末有文衡山跋，似度自文氏藏本，非真跡也。每卷首尾鈐有「鏡湖居士」朱文方印，「邨州司馬」白文方印，「鏜」白文鼎彝印，「尤鏡湖改號鷲風子」白文、「真□老人」白文、「世居迴溪之上」白文三方印，「尤未塢□邨渡尤讀尤圖西川借姓□重」白文方印，「字伯聲」白文、「青蓮社」白文二方印，「□州牧尤鏜印」白文、「清白遺休」白文二方印，「勿多菴道人印」朱文方印，「冰臺秋月」白文長方印，「尤鏜具艸」白文、「鳥鳴詩夢醒茶熟故人來」白文、「梁溪尤氏九世四尚書」白文三方印，「尤氏三拜學士之後」白文、「天下第二泉亭長尤鏜」白文二方印，「御聘□□氏後」朱文長方印，「樂琴書以自適」白文方印，「玩墨逃禪」白文、「硯癖」朱文二方印，「慧香居士」白文方印，「尤氏逢辰堂印」白文方印。藏章有「滄葦」朱文、「御史之章」白文二大方印，「季振宜藏書」朱文、「吾道在滄洲」朱文二長方印，「玉蘭堂」白文、「辛夷館印」朱文、「梅谿精舍」白文三方印〔一〕。

文氏跋曰：「《大唐西域記》向無善本，字多亥豕。嘉靖甲寅夏，偶從金陵假得宋本，攜歸玉蘭堂，命子姪輩分手抄録，藏之篋笥。是歲重陽後一日，徵明識。」下有「文印徵明」白文方印。

沈氏手跋曰：「惟古言天篤者，莫詳於釋辯機《西域記》，《新唐書》傳五天竺屬國，蓋取裁焉，第就其通朝貢者爾。海外蕃牖大啓，載籍麕至，恭寧翰者，宦印度十年，饌爲圖誌，凡玄奘所歷，以朱界之，新化鄒君以譯。斯《記》自颯秣建至波讖羅，得今地九十有二，然嘗就大雪山安治士、新頭諸河間覈其部居，又可得什四五，洞若觀火無疑者。天篤今稱中亞細亞，《唐書》『幅員三萬里』，《記》則云『周九萬里』。魏默深謂《唐書》是圍員之數，圍三徑一，裁萬里耳。今自克什米爾至錫蘭山，南北得萬里，其東西則僅五千里。魏先生併兩藏、緬甸及波斯計之，非也。姚石甫謂玄奘以開方計，特少一『方』字，遂爲詬病。然開方法，方千里者，爲方一里者百萬。五印度姑以五千里計，得二千五百萬方里，九萬里多未盡矣。竊謂此《王制》，方十里者，爲方一里者百也。玄奘通四至計之，方九千里耳。是本前有燕公序，第十一卷有『大明永樂三年』至『無量功德』三百七十字，即《四庫》所收本矣。末録徵明跋，殆就衡山先生藏笈影抄者。以守山閣本斠一過，小有出入，俱以此本爲長。昔左思就張氏借觀《秘記》，樗劣慚賦都之才；得鄴架佳本，藉闕阿耨達遺迹。且爲讀《新唐書·西域傳》槖籥，百朋之錫爲多矣。將歸趙璧，輒贅數語以識。揚生姻長先生道鑒。甲午重九，平原村人沈惟賢。」下鈐「沈惟賢印」白文方印。

校注

〔一〕「梅」，鄒稿誤作「海」。

肇域記六卷

咸豐己未六月，韓緑卿屬王雪舫影抄士禮居藏本，並摹蕘翁、竹汀跋語〔一〕。

黄氏跋曰：「此《肇域記·山東省》六卷，題曰『東吴顧炎武』，則亭林先生所撰原本也，然余不能無疑焉。考《亭林集》，《天下郡國利病書序》、《肇域志序》俱載之，而於《天下郡國利病書序》則曰『有得即録，共成四十餘册，一爲輿地之記，一爲利病之書』，是二書原出一稿。於《肇域志序》則曰『本行不盡則書於旁，旁又不盡則别爲一書曰《備録》』。余得《天下郡國利病書》手稿，與《肇域志序》所云都合，是輿地之記、利病之書，原盡在四十餘册中也，特因詮次未定，故不判爲二書耳。向聞郡中有識古者，曾以《肇域志》稿之奇零者賣於他省，余疑其無是事，及見此書，乃信《肇域志》果有定本。而此書之序與集中之序全然不對，且衹山東一省，而又以山東爲一卷之始，是一可疑也；卷中語不盡合於《利病書》，則四十餘册之外又鑿然有一《肇域志》，是又一可疑也。意者亭林在山東日所著，故先成此數卷以爲例。其起例在山東者，如《山東考古録》，亦即一地以名書。而《肇域志》之不妨有别本者，亦如《日知録》之有初刻，而與本書不盡同者乎？至於撰述之語，爲《地理志》所係，較《明一統志》，稍檢數條，已知此善於彼。若欲博訪而遐搜之，有西賓夏方米在，已屬其悉心考核矣。嘉慶四年己未夏六月十日書於士禮居，黄丕烈。」

「嘉慶庚午春，錢唐何元錫借録於蝶隱園。」下鈐「敬祉」白文方印。

錢氏跋曰〔二〕：「右《肇域記》六卷，未識先生所撰衹此，抑此尚其殘本耶？蕘圃主人以善價得之，既自爲之跋，更屬余覆按其真僞。予取讀一過，灼然見其非僞書也，因撮舉數端，與蕘圃質之：濟南府歷城縣之解華不注；淄川縣之不載孟嘗君封邑，而於滕縣載之；長清縣之考雲嚴寺〔三〕；泰安州高里山辨『蒿里』之誤；肅然山不用服虔『在梁父』、《酉陽雜俎》『長由山』之説，而一以《史記・封禪書》、《魏書・崔光傳》爲據；萊蕪縣夾谷，引《水經注》『夾谷之會即此地』，而辨杜元凱『東海祝其』之説爲太遠；兖州府曲阜縣，引《魯世家》『築茅闕門』以證闕里，引司馬彪《莊子注》以證杏壇之不可知其地；滕縣雲邱城〔四〕，辨《趙世家正義》今蔚州縣之誤；寧陽縣洸水，引《晉書・荀羡傳》以辨商輅《堽城閘記》『至元二十六年始築壩障汶水南流，由洸河注濟寧』之誤；金鄉縣東緡城，辨其非陳留之東昏；城武縣楚邱亭，辨其非衛文公所遷之楚邱；東河縣治本漢東郡之穀城縣，辨其爲春秋之穀而非小穀；曹縣景山，辨其非『景山與京』之景山；沂州向城，言《春秋》之向四見，杜注分爲二而其實一向，《宣四年》注以丞縣之向遠爲疑，而《隱二年》注以爲龍亢之向城，不知其更遠；費縣言曾子居費之武城，而以嘉祥之武城爲謬，又引《史記・田完世家》以證南城之即南武城，引程大昌《澹臺祠友教堂記》以證子羽之亦南武城人；青州爲諸城縣載齊之長城〔五〕，辨濰水《漢地理志》『淮』、『惟』、『維』三見之爲異文；登州府膠州洋河〔六〕，《通鑑》劉懷珍遣王廣之襲不其城事，而不沿胡三省注即巨洋水之訛。又地名之同而異者：萊蕪縣年城〔七〕，引《春秋・桓十五年》及《僖五年傳》安邱縣之年山故城，則云隋置年山縣〔八〕；諸城縣之婁鄉城，則引《隱四年》莒人伐杞，取年婁爲證〔九〕。舊志所未分析，而是書逐一剖别之。凡此皆先生平日讀（下缺）〔一〇〕。」

韓氏手跋曰：「此葉原本審係錢竹汀先生筆，惜原缺尾葉。己未七月屬周姓友影模，或尚得十六七耳。韓應陛記。」

又記曰：「原書中朱筆句讀或係夏方米筆，因屬周杞亭照度。應陛。」

又記曰：「咸豐己未七月，周姓友影模於讀有用書齋。滂喜園本價須洋銀一元五角，兼嫌其紙經水溼，及抄畢，其費亦不下一元五角，須知收現存之本終便宜也。」

校注

〔一〕此本今藏中國國家圖書館。據二〇〇四年上海古籍出版社出版之整理本《肇域志》（下稱「上古本」），王雪舫所摹跋語，其一爲夏文燾（方米），而非錢大昕（竹汀）。

〔二〕上古本作夏文燾跋。

〔三〕「雲嚴寺」，上古本作「靈嚴寺」。

〔四〕「雲邱城」，上古本作「靈邱城」。

〔五〕「爲」，上古本作「府」。

〔六〕「洋河」下上古本有「引」字。

〔七〕「年城」，上古本作「牟城」。

〔八〕「年山」，上古本作「牟山」。

〔九〕「年婁」，上古本作「牟婁」。

〔一〇〕所缺之文，上古本爲：「書有得，發前人之所未發者。世所刊行如《日知録》、《杜解補正》、《譎觚十事》、

《山東考古録》諸書中皆散見之，而此書悉與契合。又《謏觚十事》中有云，凡考地理，當以《水經》、《皇覽》、《郡國志》等書爲據。今是書所引《水經注》爲多，《郡國志》次之，《皇覽》又次之，三書之外則引周秦漢魏諸子、歷代正史，温公《通鑑》。至於近代方志諸書，采取綦嚴，而于欽《齊乘》之類，特多是正，以是知非先生不能作也。卷首序文與《文集》所載異，然其中所云『唐宋地志久亡，近時之書，大半多齊東野語』，實與《謏觚十事》卷首所云『方輿故迹，古人之書既已不存，齊東之語多未作據者』合，此又可證其爲先生語也。又《文集》所載序云：本行不盡，則注之旁，旁又不盡，則別爲一集曰『備録』。蕘圃所藏《郡國利病書》稿本（□部□頁）有『備録』字，而其中仍載利病之説，以《郡國利病書序》『一爲利病之書，一爲輿地之記』二語觀之，此書體例實於『輿地之記』爲近。更以《利病書》中山東諸册對之，知此書並非從中摘出者，則是先生當日實別有是書，而今日乃湮没不復見也。蕘圃將命工裝潢，附裝《郡國利病書》之後。予謂蕘圃真先生之功臣矣。嘉慶己未六月十三日，方米夏文燾識。」

輿地廣記三十八卷

傳抄士禮居藏舊本，並摹蕘翁手跋五則。周香巖以顧抱沖所藏宋本及士禮居所藏朱竹垞宋本校正之。末有「周仲漣手校」白文方印。

黄氏跋曰：「竹垞藏本序及首二卷從内閣本抄補，並未明言閣本之爲刻與抄。兹獲見竹垞舊藏，校此二卷於舊抄本上。有彼此原抄異者，但載其字；有本同而校補或校改者，悉以硃校識之。蓋原用硃校，未知以意校，抑別有所據，不可得而知矣。閣本似出宋刻重修本，據卷一末有『淳祐庚戌郡守朱中重修』一行，知非宋時原刻。此舊抄似即從竹垞藏本抄出，磨滅缺失多同。特前二卷或在宋刻未失時抄出，或别本抄補，俱不可知。兹與從閣本抄出者相較，實非一本，行款改易處時見，恐反據閣本以失其面目，故前二卷擬存此舊抄補宋刻所缺。或當日抄在未失之先，則宋刻二卷不反藉舊抄以傳乎？區區佞宋之心，苦爲分明，雖竹垞復生，宜有以諒我耳。己巳清明後一日書於百宋一廛之北窗，復翁黄丕烈。」

又跋曰：「初余借抱沖藏殘宋本二十一卷校勘於聚珍板上，苦彼此不對，因借香巖家舊抄本相證，知舊抄與宋刊甚近，特稍有差誤耳。時海寧陳仲魚見而假歸，遂録其副。自後還香巖，香巖手校宋刊於上，余復覆之，此戊午年事也。今乙丑冬，香巖令抄胥别寫清本，以此爲筆資，易余四金去，持贈抄手〔一〕。余前所校聚珍本已轉歸廬江太守矣。嘉慶丙寅立春後十日，蕘翁黄丕烈記。」

又跋曰：「考《曝書亭集·宋本輿地廣記跋》，知竹垞所藏仁和吴志伊藏本闕首二卷〔二〕，後從文淵閣本補寫。庚申春，余與海鹽友談及，云此本已於昨冬買出，歸乍浦韓配基，即竹垞舊物也。壬戌春，予計偕北行，配基亦以辛酉選拔朝考入都，把晤於京邸，許以十八卷已前抄寫寄余〔三〕。後余被黜南還，配基亦未得高等，聞亦回浙，然彼此音問不通，余未悉配基住居何處，至今不能補全顧本所缺者，可慨也。古書難得，即得矣而不全，同時難訪得他本可補者〔四〕，又以兩地阻隔，造物何不作美如是耶！丙寅穀日挑燈書，蕘翁。」

又跋曰：「韓本所藏帶於行篋，應京兆試入都，中丁卯科舉人。近年五柳主人以伊（第）〔弟〕京邸來札示余，知在京邸求售，索直朱提百金，久而未有覆音，蓋余托過五柳也。去年主人進京師，首以此書爲屬，蓋因京師風行宋刻之故，今始帶回，已爲余出百二十金購之，喜甚。展卷一過，知竹垞藏本爲確，而宋刻則未經淳祐重修者也。周藏抄本即出是刻，故殘缺並同，所勝於顧藏宋刻者，不第有三至十八卷爲可貴，即顧本之誤字茲可悉正矣。見韓本，方信周本之抄尚出宋刻，並悉顧本之誤已屬重修。由此以觀，非合諸本，竟不可定何本爲最勝。今有宋刻之僅缺二卷本以爲主，此所磨滅損失處，以顧本十九至卅八卷爲之補，又以周本照未經重修宋刻抄出之本爲之證，庶幾乎其盡善矣。若韓本爲竹垞舊藏，竹垞所補二卷云出於内閣本。今觀卷一末亦有『淳祐庚戌郡守朱申重修』一條，知出於重修本，似與宋刻原本非一。至所據以校宋刻者盡屬閣本，恐不足據矣。蕘圃記。己巳二月望日。」

又跋曰：「中春下澣七日，破幾日工夫粗校一過。其前十八卷第一、第二卷仍缺，三卷至十八卷固得其真矣，十九卷至卅八卷宋刻面目此抄本悉具，第三十二卷多缺少，抄刻並同，幸顧本有可以補之，雖重修本，勝於無也，矧究爲宋刻乎？唯是朱藏宋刻所補硃筆及墨筆盡出俗手，竟無一處可據，明明有字跡可辨，而校者已亂爲填改，實爲白玉之瑕。茲幸有顧藏宋刻可證，又有周藏舊抄可校，尚能得什之一二，擬將重付裝潢，獨留宋刻之真者，一概朱墨之校據二本正之，豈不快乎。至内有閣本夾籤，其不可信，前跋已及之，可勿復論。復翁校畢記。」

周氏手跋曰：「此本抄手惡劣，一依宋刊行款尚爲善本。余從顧明經抱沖處假得季侍御滄葦所藏宋本二十一卷校勘一過，其第十八卷『改曰建雄軍』以上全缺，當再訪善本補校以成完璧。嘉慶戊午十一月長至後四日，香巖居士周錫瓚識。」起首鈐「求是」朱文印。

又跋曰：「舊抄本已歸於黄主政復翁，此本係倩友王仲和重抄出。復翁新購朱竹垞先生家藏宋本，因將舊抄補校完，余復假其書來臨以成一册，訪善本補校完璧之識。嘉慶己巳五月小暑前三日，周錫瓚又記。」下鈐「周錫瓚印」白文、「仲漣」朱文二方印。

校注

〔一〕「持」，鄒稿作「特」，據《蕘圃藏書題識》改。

〔二〕「仁」，鄒稿脱，據《蕘圃藏書題識》補。

〔三〕「已」，《蕘圃藏書題識》作「以」。

〔四〕《蕘圃藏書題識》此句作「古書難得，即得矣而又不令同時，雖訪得他本可補者」。

絳州志殘本六卷

明正德絳州刊本。存一卷、二卷、四卷至七卷。藏章有「吴城字敦復」朱文方印。

黄氏手跋曰：「余往聞杭州瓶花齋吴氏有舊地志幾楹，大半爲余同年張子和買歸。子和本昭文人，癸丑成進士，授庶常。告假歸，掌教紹興之蕺山，故於杭獲之也。今人已故，而物之存否未可知。今明刻《絳州志》亦出瓶花齋，卷中『吴城字敦復』一印即其主人，余故樂有是書，並藏書者而表出之。乙亥仲夏，復翁偶記。」

又跋曰：「乙亥夏五月二十七日，梅雨曉晴，有書船估人從胥門訪余於縣橋，蓋其囊中携有元本《千金方》在也。《千金方》元本余所見不下四五部〔一〕，皆索重直，卒未之買。而此本目録後有碑牌，可知翻刻之由，蓋因近得前宋《金匱》官本故也。余雖不能買此書，而此一語可證錢遵王閣宋本抄之説即出是刻也，因附識之。」

又跋曰：「是書得於攜《千金方》來之書友，其意不在此《絳州志》，余因無所交易，聊以家刻小種易之。書載《内閣藏書目録》，可寶也。」

按此書缺卷，已從百擁樓中庋存殘帙取出配全，紙印如一，不啻延津之合，爲近年搜羅中一大快事。

校注

〔一〕「元」，鄒稿作「之」，據《蕘圃藏書題識》改。

建康古今記一卷絶域紀略一卷

舊抄本。顧炎武撰。黑匡口，板心魚尾下有「南陽村抄書」五字。後附《絶域紀略》，方拱乾撰。藏章有「松下藏書」朱文、「無黨較正圖書」朱文、「椒升」朱文、「鹿牀經眼」朱文、「毋黨」白文五長方印，「張印載華」白文、「佩兼」朱文、「芷齋圖籍」朱文三方印。

昌平山水記二卷

述古堂抄本。不著撰人姓氏。首葉地圖左下有墨筆二行，云「細按記中所載，與圖小異，俟另考」十三字，卷末有墨書「錢遵王述古堂藏書」八字。每半葉十二行，行二十字，抄寫極精。藏章有「楊灝之印」白文、「繼梁」朱文二方印，「士禮居」朱文長方印，「平江黄氏圖書」朱文方印。

韓氏手記曰：「圖左下有『細按記中所載，與圖小異，俟另考』十三字，審係遵王手書。咸豐八年十月一日應陛。」

九域志十卷

影宋抄本。每半葉七行，每行大十一字，小十五字。藏章有「吴氏兔牀書畫印」朱文長方印，「陳鱣」白文、「仲魚」朱文兩方印，「精校善本得者珍之」朱文長方印，「吴騫讀過」白文方印。

新定九域志十卷

舊抄本。藏章有「小蓮」朱文、「顧澗薲藏書」朱文二方印。

五茸志逸録存一卷

通藝閣抄本。璜溪退菴道人吴履震長公采輯。所輯多松江先輩嘉言懿行暨風俗等語。上有校正字句貼籤。末有朱文「書田」印一方，又有眉批署名「海客」，蓋王友光手筆也。卷首有「子壽過眼」白文方印、「家住十三灣」白文長方印，卷尾有「錢塘陳嘉軒借閲」七字。

遊名山記殘本十七卷

明嘉靖刊本。括蒼何鏜振卿甫編輯，廬陵吴炳用晦甫校正。有嘉靖癸亥黄佐序、嘉靖甲子吴炳序。刊印極精，惜殘缺耳。藏章有「閒喜堂藏書」朱文長方印、「臣印蘭」白文、「湘秋」朱文二方印，「臣印蘭」白文、「佩之」朱文聯珠印。

吴地記一卷

舊抄本。唐陸廣微撰。卷末有墨書「甲子仲夏既望録，隨安識」十字。袁壽階手校並度錢竹汀跋。有「仲溶借觀」朱文方印。

錢氏跋曰：「陸廣微事迹無可考，據其書云『自周敬王六年至今唐乾符三年』，則是唐僖宗朝人，而《唐書·藝文志》不載是書，至《宋志》始著於録。若夫吴江一縣置於吴越有國之日，卷内有『續添吴江縣』云云殆後人羼入耳。壬子春二月庚子朔，錢大昕記。」

袁氏手跋曰：「丙辰秋九月六日戊申，借潛研堂《鹽邑志林》本校並録此跋。案《吴郡志》所註出於《吴地記》者，今書中多不載，則此本已非全書，乃後人采輯之本也。而范氏所見者，猶是未損之趙璧焉。袁廷檮識。」

衡嶽志六卷

明嘉靖刊本。彭簪編校並序。

天童寺集二卷

舊抄本。曾經進呈。鈐有翰林院官印，惟檢《簡明目》及《附存目》皆未收入，不知何故。

南濠居士文跋六卷

明刊本。明都穆撰。每半葉十行，行十六字。藏章有「席鑑之印」朱白文、「席氏玉照」朱文、「楊庭」白文三方印。

王文成傳稿不分卷

明鄭鄤著。底稿抄本。每半葉九行，行二十四字。

韓氏手跋曰：「鄭鄤之爲人不及言矣。獨其文，黄石齋先生猶自以爲不如。且其語爲其告君父之言，爲出於中心之誠，爲非由其自謙之過，則其眼光筆力當自有過人處。且其時王文成公事或視今爲備，所録應有足存者。因亟爲收録，並付重裝。更恐見者嫌於鄭鄤之所爲，故並記此以告之耳。咸豐八年歲次戊午十二月，應陛。」

又記曰：「咸豐八年六月得之滂喜園黄氏〔一〕，十一月下旬施春圃重裝竟〔二〕。」

校注

〔一〕此本今藏上海圖書館。「之」，鄒稿誤作「于」，據原本改。

〔二〕「施」，鄒稿誤作「族」，據原本改。

陸右丞蹈海録一卷附李江州遺墨一卷

《蹈海録》一卷係虞山王乃昭手抄本。標題次行列「後學京口丁元吉編次」。每半葉十行，每行二十三字。藏章有「王氏乃昭」白文、「嬾髯」朱文、「虞山王乃昭圖書」朱文三方印，「潢川吴氏收藏圖書」朱文、「牆東小隱」白文二方印〔一〕。

王氏手記云：「康熙癸丑二月晦日，嬾髯老叟録於金昌北濠寓樓，時年六十有六。」

按，李江州名黼，字子威，謚忠文。元末守江州殉難。洪武乙亥，錢塘朱灝得其手詩一紙，裝成卷帙，倩人題詠，其子廷暉廣徵題句，積久成帙云〔二〕。

校注

〔一〕「隱」，南圖《藏書志》稿本作「爰」。

〔二〕檢南圖《藏書志》稿本，有此按語，係鄒百耐手書，後以朱筆删除。鄒稿雖予保留，修改時删去後半文字，其文作「雖亦有王乃昭印一方，而書法與《陸右丞蹈海録》絶不類，蓋王書近董，此書用筆結體在鍾、趙之間，娬媚秀麗實駕《蹈海録》而上之，誠精抄本也」。

陳子自述年譜一卷

明陳若龍述，王勝時手抄本。後附文多篇。卷首有「沈□翰印」、「健翎」白文二方印。

王氏手識曰：「是譜成於乙酉之冬，時先生避地禾中，惟予小子隨侍。譜成後，慨然執手曰：『自兹以後，我不復措筆矣。患難之餘，獨子朝夕，我死，子其爲我繼成之。』余掩泣唯唯。時先生雖堅柴桑甲子之盟，已矢康樂江海之志矣。荏苒如駛，手録藏之。九京有神，當疑侵諾，然予終不敢負此願也。王勝時識。」

白文公年譜一卷

舊抄本。每半葉十行，行二十字。陳振孫序後藏章有「姑餘山人」白文、「平江黄氏圖書」朱文二方印〔一〕。尚有三印莫辨。

校注

〔一〕鄒稿脱「書」，今逕補。

宋(侍)[待]制徐文清公家傳一卷

明正德辛未十一世孫徐興重刊本。宋徐僑門人撰。前有徐興、龔永吉二序，後有成化己丑郁珍題。附《毅齋詩集别録》一卷，宋徐僑撰，十一世孫徐興序。

皇明帝后紀略不分卷

明抄藍格本。不著撰人姓氏，無序目。所載皆帝后紀年及宫闈中事。板心上方有「寶日堂」三字。藏章有「毛氏子晉」、「黄印丕烈」、「蕘圃」朱文三方印。

緑珠傳一卷

舊抄本，極精。每半葉十行，行十八字。藏章有「彭城楚殷氏讀書記」白文長方印、「風月主人」朱文橢圓印、「用我心目」朱文方印。

古本宣和遺事二卷

明末刊本。不著撰人姓氏。每卷首冠以圖繪八葉，刻工精絶。書眉間有小注。所記皆宋代軼事。此書明刊本各書目皆無記載，流傳絶少，標題古本，洵爲可寶。

禁扁五卷

棟亭刊本。藏章有「戈小蓮秘笈印」朱文長方印，「小蓮居士戈襄」白文、「臣印戈載」白文、「順卿」朱文三方印。

禁扁五卷

棟亭刊本。何小山手校。分甲乙丙丁戊五卷。有「棟亭藏書」朱文方印、「時於此中得少佳趣」朱文長方印。

絳雲樓書目

舊抄本。板心有「觀我生齋」四字。

桐譜二卷

舊抄本。宋陳翥撰。每半葉八行，行十五字。卷首有某氏識語云：「此書流傳罕少，予得自項氏水村，當什襲珍置也。□□□□□露節雲泉手識。」存二十五字，餘莫辨。

崇禎五年壬申大統曆一册

崇禎五年歲次壬申之《大統曆》也，前有欽天監大方印。

韓氏手跋曰：「咸豐元年辛亥五月七日，揚州人鄧春圃處得此，以洪武寶抄紙易之〔一〕。旋檢得其書與時憲書不同者數條，録於左。應陛。」

一、逐日上方不標忌辰等朱字；

一、每日以百刻計，如云晝若干刻、夜若干刻；

一、第一頁第一行大字後即列正月云云，不寫都城府節氣時刻；　逐月下二十四節不列分數〔二〕。

一、年神方位圖後不列各省節氣；

一、逐月但列上下弦及望，不列合朔字，晦日上獨偶有盈虚字；

一、月中所列晝夜刻及日出入刻，但列刻不及分；

一、日出入稱出則不稱入〔三〕，稱入則不稱出。

校注

〔一〕　此本今藏臺灣「國家圖書館」，鄒稿「紙」字前衍「一」字，據原本删。

〔二〕　「二十四節」之「節」，鄒稿誤作「等」，據原本改。

〔三〕　「日出」之「出」，視原本墨跡，疑爲「影」字。

雲間韓氏藏書題識彙録子類

松江韓應陛緑卿藏　吴縣鄒百耐編纂

荀子二十卷

宋熙寧本。每半葉八行，行大十六字，小雙行，行廿四五六字不等，單邊，白口，每葉板心下有刻工姓名。首有楊倞序，後接目録，標題「荀子新目録」，目録後即「荀子卷第一」，次行題「登仕郎守大理評事楊倞注」。卷末有結銜二行云：「將仕郎守秘書省著作佐郎充御史臺主簿臣王子韶同校」，又一行「朝奉郎尚書兵部員外郎知制誥上騎都尉賜紫金魚袋臣吕夏卿重校」，即吕夏卿本，見《百宋一廛賦注》。藏章有「勤有堂」朱文長方印，「勤有堂讀書處道鄉書院」朱文方印，「道鄉書院」白文方印，「鄒氏子之」朱文圓印，「同心之印」朱白文方印，「忠公後裔」朱文方印，「鄒印同心」白文方印，「孫孝若讀書記」白文方印，「孫印朝肅」白文方印，「恭父」白文方印，「顧阿霦藏」白文方印，「荆蠻顧霦」白文方印，「不緇道人」朱文方印，「顧霦印」朱文方印，「□儒」白文方印，「霦印」白文方印，「可濳過眼」朱文方印，「傳之其人」朱文長圓印，「吴下阿霦」白文方印，「武陵」朱文圓印，「宋本」朱文葫蘆印，「修汲軒」朱文長方印，「百宋一廛」朱文長方印，「士禮居」白文方印，「黃印丕烈」白文、「復翁」白文二方印，「蕘圃卅年精力所聚」白文方印，「汪印士鐘」白文、「閬源真賞」朱文二方印，「汪士鐘藏」白文長方印，「平江汪振動楳泉氏印記」朱文方印，「汪印振動」朱文、「楳泉」朱文二方印，「楳泉」白文長方印，「吳下汪三」朱文方印。

顧氏手跋曰：「嘉慶初年，借得影抄大字宋本，校世德堂本及覆校盧抱經本。今年又從藝芸書舍借此印本對勘，訂正影抄之誤。細驗避諱，不特在熙寧、元豐後，且在淳熙之後多年，或板有修改致然耶？所補寫各卷失葉則皆非善，與錢耕道刊本既互有短長，又互有失葉，殊未可相補也。在宋世別有建本，爲王厚齋所見，又有二浙、西蜀本，爲耕道所見，今皆無可訪得，因附識於此。時道光己丑立秋日，元和顧千里。」下鈐「顧印千里」朱白文方印。

荀子二十卷

明世德堂刊本。惠松崖度葉林宗用熙寧本校。前三卷未校。十四卷後有墨筆識語云「十三卷《禮論》、十四卷《樂論》首二葉宋板缺，《禮論》中間更缺二葉，以故勘之未詳」三十字。書末有朱筆識語云「十七年六月十六日午刻勘完，首二卷原刻未到，故輟讀」二十(一)[二]字。藏章有「惠棟之印」白文、「定宇」朱文二方印。

葉氏手跋曰：「□□之秋從東門歸，偶於書鋪得此書，價用□□□。此書昔爲林宗兄校勘，正屬家運全盛，不知今日之寥落，而此書又不知何人取去，轉落於坊中也。聚書之興，從此不無增慨。取歸窗下泛讀，因記於後。南陽石君昔曾見宋刻本，大字端楷，刻畫精緻，此本從而校正。」

荀子二十卷

明世德堂刊本。蕘翁以錢佃本校。藏章有「士禮居精校書籍」朱文、「沈巖」朱文二方印。

黄氏手跋曰：「《讀書敏求記》載《荀子》有二本，一爲吕夏卿本，一爲錢佃本。此即錢佃本也。先是，余得吕本宋刻，後又得此錢本宋刻，可云雙璧矣。然吕本外間有影抄本，又有覆本，若錢本知之者鮮，余故樂爲之校出也。錢本載《書録解題》，尤爲宋人所重，他日倘有翻刻《荀子》者，當以此本爲秘而傳之矣。壬申夏四月二十日，復翁識。」

管子二十四卷

明抄影宋本。每半葉十行，每行十九、二十字不等。宋諱皆缺末筆。

韓非子二十卷

明趙用賢刊本。每半葉九行，行十九字。王子渭、戈小蓮手校並度顧澗蘋、惠松崖校。每卷末皆有戈氏、王氏識語，並録顧、惠二跋。書中有另紙戈氏記語，韓緑卿録之於後。藏章有「戈小蓮秘笈印」朱文長方印，「戈襄之印」白文、「半樹齋戈氏藏書印」朱文、「小蓮校本」朱文、「戈載印」朱白文、「順卿」朱文五方印，「笠浮烟□」白文長方印。

戈氏手跋曰：「嘉慶七年歲在壬戌九月中旬，假顧君澗蘋校定本對勘一過。戈襄記。」

又記曰：「顧君將宋本對校，中有不可從者，余不注旁。又記。」

又跋曰：「丁巳冬十月讀此書，時已將顧子澗蘋校定本對勘一過，所校皆秦本、藏本及舊本、抄本、迂評本，有不佳者余爲去之。今復校録於旁，同者十四五云。壬戌九月廿九日，戈襄再記，時年三十八。」

戈氏度惠氏手跋曰：「馮巳蒼曰借葉林宗《道藏》本及秦季公及元齋校本對過〔二〕。癸酉四月校臨。松崖。」

戈氏度顧氏手跋曰：「凡文有復出而張鼎本少數字皆脱耳。二十三日覆校一過。馮稱『迂評』者蓋凌氏刻本，多臆改，不足據也。澗蘋記。」

又跋曰：「九月十八日從綬階袁氏假正統十年《道藏》本校過，與張鼎之本多合，而與孱守老人所據葉林宗《道藏》本大不相同，故不一一標出，俟見後再定。澗蘋又記。」

戈氏又跋曰：「丙辰七月讀竟《管》、《韓》二書。丁巳十月，假顧子澗蘋本對校一過，内秦本、藏本爲佳，迂評及舊本甚不善。即秦、藏亦有可去取者，故予略有所删云。小蓮識，男載録。」

王氏手跋曰：「僕讀此書十餘年矣，嘗苦其義難通，擬注此書，以質有心於治理者。去歲乙丑冬，顧君澗蘋自江寧數以書相督促，今乃假小蓮《韓非子》校其上，爲卒業焉。雖然，僕輩之勤勤於此書，豈真求古人之糟粕乎？義之既通，而後能用其意；意之能用，而後能參其變。苟以聖人忠厚之道爲主宰，則藉此以起一切泄沓之俗，誠濟時之上策也。《文中子》不云乎也：『有用我者，執此以往。』丙寅五月二十一日，渭校注畢記。」

又記曰：「僕另有《書韓非子後》及《韓非子校畢記贈顧千里》二首，兹不録。渭又記。」

戈氏又跋曰：「己卯冬十月十五日午前重校此卷，小梧前記二十五條，澗薲記十條，内《識誤》增七條，愚解廿條，内十條新得。戈襄記。」

韓氏屬周振家過録戈氏另紙手跋曰：「此書余初校於丁巳，再校於壬戌，皆有小跋在後，衹就顧君澗薲校定本對勘。顧君初用秦本〔二〕、藏本、舊抄本，繼用朱本，内有不可從者，余不注旁。至乙丑歲復讀，旋出己意，考證因之。丙寅〔三〕，王君小梧亦取此書細究，其義與詞與余雖有異同，可以互通。小梧亦有一跋書後。越十一年丙子，余復取以訂其是非，朱書其上。至顧君於數年間另有校本，余已將知者書上。今歲顧子刻《韓子識誤》三卷，頗多增益，而中多前存而今棄者，余復取精覈者百餘條記之。是余(與)[於]此書已五校。蓋讀秦漢諸子有文法、句法、字法，迥與魏晉以後不同，非特字形假借，詞意煩曲，即用虚字亦與後世律令大殊。故予謂子書有甚錯誤可證者注之，其他不得其解，看似差謬，而當時作者理本如此，不可以今日諷誦不順遽塗遽改，致失余書之真。且又不可以别書之相似者悉行更正，緣此書有此書之讀法，而他書又有他書之讀法，古人本有同處、有不同處，各存其面目，領其心思可也。余有《秦漢諸子讀法》，《韓子》亦其一種，今因重校此書，慨然於王子已亡，不能共讀顧君新著，而《識誤》中所引小梧之説又甚寥寥，亦因澗薲未見余書，遂多遺漏。故余擬集小梧所論，附以愚解。澗薲雖已成書，而前後之言的然精當者亦皆采入，彙計小梧共五百五十條，澗薲共二百六十一條，己共（七）〔八〕百十一條，澗薲所以少者，在《識誤》中大半不録也。」

韓氏手記曰：「右戈小蓮翁手記一紙，原幅長闊，兼前後塗乙，筆畫幾不可辨，因細爲尋繹，另録附末。然究係草稿，字句有未盡酌定者，閱者取其意可也。戊午八月二日記，應陛。」

校注

〔一〕「馮巳蒼」，鄒稿作「馮己蒼」，據舊抄本《南部新書》馮氏鈐印改。

〔二〕「秦」字後衍「漢」字，今刪。

〔三〕「丙寅」，鄒稿作「壬寅」，而下文有「越十一年丙子」語，則「壬寅」乃「丙寅」之誤。

孫子三卷吴子二卷司馬法三卷

蘭陵孫淵如重雕宋本。每半葉十一行，行二十字，小注同。卷末刊有「嘉慶庚申蘭陵孫氏重刊小讀書堆藏宋本顧千里手摹上板」二十四字。板心上方加刊大小字數，爲宋本所無。韓緑卿以所藏經鉏閣抄《孫子十一家注》本校《孫子》三卷。

黄氏手跋曰：「昔者吾友顧抱沖訪書華陽橋，顧氏購得宋板《孫》、《吴》、《司馬法》，余絶愛之，欲假歸而影寫之，未暇也。近孫淵如觀察過蘇，與抱沖從弟澗薲談及是書，思以付梓。適余家命工翻雕影宋本《國語》畢，澗薲即影摹一本，就蕘圃中開雕。工畢，澗薲承淵如意轉取贈余。余願大慰，不啻獲一宋本矣。本書纖悉無二様，所補序及闕葉，凋蕢俱已注明。惟每葉板心刻字大小數爲向時宋本所無，兹取易於查核，且亦古款，非妄改面目也。庚申四月八日，黄丕烈。」

韓氏手跋曰：「《十一家注》本中一家曾摻注，與此多少不同，正文亦微異，因據校入。《十一家注》本係據蘇州經鉏堂重録宋本。咸豐庚申閏三月十六日。」下鈐「應陛」朱文小長方印。

又記於書衣曰：「按，此書與《十一家注》本正文不同，無從是正。若就披本諸注研求，更從引用《孫子》諸書詳加考核，或可得一二，惜見聞不廣，多病不能用心也。負書與？自負與？兩不計也。應陛記。」

又記曰：「丙辰應禮部試入京都，下第後尚未出京，六月中見新刊《孫子》，以本書爲經，史中戰事爲緯，可有二三十册，係廣東人所著，兼忘其名，缺資不能購也。」

文子二卷

明萬曆本。每半葉十行，行廿一字，黑綫口，板心上有「萬曆五年刊」五字，下有刻工姓名，即世傳《子彙》本。戈小蓮據明刊《二十子》本，默希、正儀、南谷合注本〔一〕，《道藏》本手校。藏章有「半樹齋戈氏藏書之印」朱文、「小蓮校本」朱文、「戈襄私印」白文、「小蓮」朱文、「戈載印」朱白文，「順卿」朱文六方印。

戈氏手跋曰：「《文中》刊本甚少，前取明刻《二十子》及默希、正儀、南谷合注本校之〔二〕，並參以抄本，均不善。今得《道藏》本對勘一過，訛處不過數字，始知此本照《道藏》刊定，而不入默希子注，較明刻相去懸絕。其所以無注者，因此書《子彙》數十種皆無注故也。既無注，故不照《道藏》分十二卷，是此書之失也。然默希所注，不簡不晰，且多遺義，故余亦不喜之。今得此校而不誤讀其文，足矣。甲子初冬十六日校始，至十八日竟，記此數語。小蓮戈襄。」下鈐「小蓮」朱文橢圓印。

校注

〔一〕「谷」，鄒稿誤作「各」，今逕改。

〔二〕同上。

子華子二卷尹文子一卷公孫龍子一卷

明刊《子彙》本。《子華子》二卷、《尹文子》一卷皆戈小蓮手校。有「小蓮校本」朱文方印。藏章有「半樹齋戈氏藏書之印」朱文、「戈襄私印」白文、「小蓮」朱文、「戈載印」朱白文、「順卿」朱文五方印。

關尹子一卷鬼谷子一卷附鬼谷子外篇

明刊《子彙》本。皆係戈氏手校。末有「丁巳十一月五日小蓮居士校」，下鈐「戈襄」朱、白文二方印。藏章有「小蓮校本」朱文、「戈襄私印」白文、「小蓮」朱文、「戈載印」朱白文、「順卿」朱文五方印。

小荀子一卷劉子二卷鹿門子一卷

明刊《子彙》本。藏章有「半樹齋戈氏藏書之印」朱文、「戈襄私印」白文、「小蓮」朱文、「戈載印」朱白文、「順卿」朱文五方印。

孔叢子三卷陸子一卷

明刊《子彙》本。《陸子》卷端鈐有「小蓮校本」朱文方印。卷末有戈氏識語云「丁巳十一月七日小蓮居士校」十二字，下有「戈襄」朱、白文二方印。藏章有「半樹齋戈氏藏書之印」朱文、「戈襄私印」白文、「小蓮」朱文、「戈載印」朱白文、「順卿」朱文五方印。

天隱子一卷

明刊本。有唐司馬承楨序，後有宋紹興壬午胡璉、嘉定己卯王倫、元大德丁未唐巖起及金華宋濂四跋，末有唐司馬承禎後序。藏章有「錢印丕祖」白文、「妙珊」朱文二方印。

慎子一卷

明抄大字本。藏章有「半硯齋」朱文長方印、「楊賓」朱文方印。每半葉八行，行十八字，墨匡。皮紙。

十一家注本孫子三卷

經鉏堂據宋抄本。每葉八行，行大十七字，小雙行，行二十六字。前有孫子本傳一篇，鄭友賢撰《孫子遺説》一篇。每葉左下有「經鉏堂重録宋本」七字〔二〕。藏章有「子晉」朱文、「徐楨抄藏」朱文、「一切吉祥」白文三方印。

校注

〔一〕此本今藏上海圖書館，卷前總目與《孫子本傳》、《孫子遺説》用另一行格紙，半葉十一行，行二十字，欄外左下亦鎸「經鉏堂重録宋本」七字。

洪陽張先生老子註解二卷

明刊本。張位序。每半葉九行，行十八字。

荀子微言一卷

舊抄本。東吴惠棟學。卷中有朱筆圈點，末有朱筆「丙子三月清明後三日閲松崖」十二字。

復古編三卷附安陸集一卷

乾隆庚子安邑葛氏依新安程氏舊抄本覆刻。戈小蓮以元本校。藏章有「半樹齋戈氏藏書印」朱文、「戈襄」朱文、「小蓮校本」朱文、「戈載印」朱白文四方印。

日知録不分卷

稿本。有朱筆校字。

韓氏手記云：「此書稱崇禎帝爲先帝，蓋明末稿本，未經修改故也。刻本已改正。」

又記云：「刻本多删改。書中朱字，或似何氏筆。」

困學紀聞二十卷

馬氏叢書樓刊本。夏方米以元本暨弘治、萬曆三刊本校。

夏氏手跋曰：「蕘圃出元板屬校此本，因粗閲一過，遇有同異，兼考弘治、萬曆時兩刊本，以審其得失。□就所知者，略識一二於上方。有弘治、萬曆本俱已□□本，若璩按初刊本作某云云，獨與元板合者，是閻氏亦曾見過元板，惜乎其勝處未能盡□（以下六七字缺）。方米夏文燾記。」

黄氏手跋曰：「元本《困學紀聞》始見諸顧桐井家，因卷帙□全，刓去『困學』二字，改曰『王氏紀聞』，且已移其卷第，故置之。既得一本於顧聽玉處，板刻正同，首尾完善，藏諸篋中久矣。今倩方米校此元本，佳處悉見，此後讀者庶不致以弘治本爲元本爾。同日書於聯吟西館。黄丕烈。」

歸田録二卷

舊抄本。吴枚庵借張充之藏《稗海》本校。藏章有「吴伊仲藏書」朱文方印。

吴氏手跋曰：「歐公《歸田録》二卷，字跡惡劣，差誤甚多。壬辰十一月十四日借張君充之《稗海》中本校勘一過。枚庵。」

桯史十五卷附録一卷

明成化江沂刊本。宋嘉定岳珂撰。空格均依宋本行款。上有小字批，又有小字旁注。沂序祇存末葉，後刊嘉靖乙酉祝鑾、潘旦兩跋。

丞相魏公譚訓十卷

宋蘇象先撰。舊抄本。蕘圃長孫美鏐以宋本校並度王澍跋。卷首有「立甫手校」朱文方印，並識語於卷末曰「庚辰孟冬借壽松堂蔣氏宋本手校一過美鏐」十八字，下有「鏐」白文小方印、「平江黄氏圖書」朱文方印。

黄氏手跋曰：「《蘇魏公譚訓》，余曾借壽松堂蔣氏手校一過。因余藏抄本甚工整，不復校改本書，用别紙校録。近始命三孫美鎬繕清付裝，附於書尾。初余校是書，時届歲莫，匆促即還。越年餘，而手書之字自己且有不識者，因復借之，辨證前校模糊之字。而長孫美鏐適因查點書籍尋出舊藏抄本，請覆校宋本。此即美鏐所校之本也，一切宋本面目纖悉畢具，並有余前校漏落之處，復用别紙仍書於前校本後，謂之覆校。是書今可謂精審矣。昔魏公嘉言懿行，待長孫象先編纂而傳。今余半生歷鹿，無可表見於後，惟此幾本破書手爲讎校，以爲生平嗜好所在。長孫美鏐亦仰承先志，喜事丹鉛，余亦頗自喜繼起之有人也，爰書此以策勵之。庚辰冬，復翁。」下鈐「宋廛一翁」白文方印。

稽瑞一卷

舊抄據宋本。唐劉賡輯。自序。有不署名氏識語書衣云：「《稽瑞》一卷，唐白雲子撰。是書惟王應麟《玉海·祥瑞類》中著録，各家書目俱不載。虞山陳子準藏（書）宋本，此則傳抄者也。」

肇論三卷

明萬曆乙酉周祝刊，長安釋僧肇作撰。有小招提寺僧慧達序。藏章有「曹溶」朱文、「鑒躬氏」朱文二方印，「安樂堂藏書印」朱文長方印。

趙緣督革象新書一卷

舊抄本。按《四庫》從《永樂大典》録出者五卷，此書衹一卷。抄手極精，似影宋者。

儒志編一卷

明刊本。宋王開祖撰。有弘治己未新安汪循序，後有附録宋紹熙一年陳謙撰《儒志先生學業傳》、乾道壬辰許及之撰《像贊》，及元泰定丙寅王都中、明洪武庚戌蘇伯衡二跋。

金壺字考十九卷

乾隆田朝恒刻本。有田序並凡例。藏章有「華亭王慶麟字時祥一字澮淵印章」白文大方印，「紅豆山房」朱文圓印，「王慶麟印」白文、「璧陰學人」朱文、「王慶麐印」白文、「王澮淵曾觀」朱文、「澮淵手校」朱文、「澮淵」朱文、「曾經王澮淵讀」白文、「横雲山樵」朱文、「黄薔薇館」朱文、「王子笙」朱文十一方印，「慶麟」白文長方印，「澮園」朱白文聯珠印，「治祥」朱文小圓印。

王氏手跋曰：「此書最便撿閲，惜多未備。予少日擬爲增訂，積稿百紙，尚未繕録。嗣聞田氏嘗有二集行世，求之十年不可得。他日獲其本，删去冗複，當别纂三集，以貽好事者。嘉慶辛未十一月初八日，澮淵偶記。是日冬至。」

東園叢説三卷

明抄本。宋李少遊撰〔一〕。宋李如箎、周庭筠序。藏章有「姚印舜咨」白文、「潛坤居士」朱白文、「葉樹廉印」白文、「石君」朱文、「樹蓮居士」白文五方印。

葉氏手跋曰：「右《叢説》二卷，姚舜咨藏本。其中天文、地理、曆律、象數，言(言)[之]鑿鑿，宋儒中之博通今古者。惜乎程、朱教興，博學多聞之士埋没不傳，若李公者不知其幾矣。即其《樂本》，又不可得見，更爲增慨云。道穀。」

張氏手跋曰：「是書文淵閣本上中下三卷，昔嘗編入《指海》第三集，頗有脱誤可疑處，無從補正，姑仍之。頃緑卿中翰示我此本，共上下二卷，其下卷即閣本之中、下二卷，與上卷卷帙本相若，不知閣本何以中分。卷末附判府吴大卿劄子，則閣本所無。書中於『匡』字、『貞』字、『桓』字、『姤』字避作『康』、作『正』、作『洹』、作『遇』，又於『太宗』、『仁宗』、『高宗』、『朝廷』、『上意』等字皆提行或空格，劄子亦有提行處，當是宋本原式。惟『籌邊』條『國家祖宗』句誤連，蓋仿抄非影寫，故中亦不免脱誤也。然以校閣本，則賴以補正者甚多。其大者，下卷有『執中無權之説』、『浚井焚廩』、『孟子辭齊王以疾而出弔』三條，閣本亦有誹孟删去。其『月蝕衝』、『土王』、『氣候』三條，閣本脱去中間十八行，而以『氣候』條後半節接『月蝕衝』條前半節聯合爲一，非此本則不復可讀矣。按李如箎仕履無聞，惟據自序知爲(蒼括)[括蒼]人，而官桐鄉丞。又據『三江』條，知其曾爲通州酒官。然宋時括蒼並未置縣，當屬台州之仙居。言『括蒼』者，就其居之所近耳。又宋時亦無桐鄉縣，其劄子於吴稱判府，而吴稱李爲知丞，是時桐鄉城屬舒州，則『桐鄉』當指桐城，吴爲知州，則丞乃屬官，故相稱謂如此。《提要》援《正德崇德志》載李爲崇德人，官桐鄉丞〔一〕。今桐鄉，古崇德縣地，豈因此致誤耶？抑李晚遷崇德耶？其載李字季牖，他書所未見。又言所著有《東園叢説》及《樂書》，則適與劄子中「樂本」一語相符，不知《志》何所據也。又書中自序題「紹熙壬子」，周庭筠跋題「紹熙甲寅」，閣本誤「熙」爲「興」，《提要》據之，謂「壬子」爲「紹興元年」，「甲寅」爲「紹興三年」，而書中載有紹興六年以後事及稱高宗廟號，且《語》、《孟》合稱，不似南宋初語。「北辰」一條似曾見《集注》，其論「渾天」、「蓋天」，亦似歐羅巴入中國後語，遂疑爲近人僞託。按紹興元年乃辛亥非壬子，三年乃癸丑非甲寅，紹熙三年壬子、五年甲寅，距紹興初凡六十年。書中「坡詞」條載，其父與王子家同直秘閣，語東坡《卜算子》事在紹興三年，云其言三蘇事甚多，愚幼小不能記憶，則可知著書作序不在其年，明乎「紹興」乃「紹熙」之誤則又可知。李與朱同時，朱子《論孟集義序》作於乾道壬辰，李或曾見其稿。且「北辰」之説發之沈存中，何必《集注》？「蓋天」即「渾天」，梁崔靈恩已有此説，理本易明，又何必歐羅巴？觀其「地深厚之數乃天地之形」諸説，於地圓之理全未解得，必非曾見歐羅巴書者。《提要》總以一字之誤不及致詳，遂生轇轕耳。今既得此本校正，涣然冰釋，漫誌卷首，以復於韓君，見舊抄本之可貴如此，願韓君寶之也。咸豐八年歲次戊午冬至前一日，南滙張文虎識。」下鈐「拙急」白文小長方印。

校注

〔一〕應作「李如篪撰」爲妥。

野客叢書殘本十五卷

明抄殘本。長洲王楙撰。黑匡，雙綫口。每半葉十行，每行二十字。士禮居藏書，並署書衣。卷首有「□國文獻」、「易庵圖書」白文二方印。

黄氏手跋曰：「《野客叢書》以三十卷爲足本，明陳繼儒刻入《秘笈》者删節多矣。此本尚是舊抄，惜殘，僅有其半，余得諸東城故家，重加裝池，珍舊本也。棘人黄丕烈。」

世説新語抄一卷

錢牧齋手抄本，並題簽曰「世説小抄國史補」。藏章有「牧翁」朱文、「東澗遺老」白文、「平江黄氏圖書」朱文三方印。

對床夜話八卷

舊抄本。宋孤山范晞文景文著，友人馮去非可遷訂。每半葉九行，每行十七字。第八卷缺末幾葉。士禮居題書衣云：「范景文《對床夜話》八卷，舊抄本，嘉慶乙丑收於經義齋書坊，士禮居重裝。」有「黄印丕烈」、「蕘圃」朱文二方印。

黄氏手跋曰：「此抄本《對床夜話》，抄手當在康、雍間。其與正德江陰陳沐刻本異者，彼分五卷，此分八卷也。且每條皆有題，詞句亦未經節省，文理、文氣較爲明順。鮑氏《知不足齋叢書》所刊即用陳本，故遜此耳。惜第八卷缺其最後幾葉，無從補全。余得諸經義齋書坊，已遭俗手粘漿襯釘，主人屬余校對，審其佳而留之，命工重裝。裝成，誌其同異如此。乙丑六月望日，蕘翁記。」下鈐「黄印丕烈」、「蕘圃」朱文二方印。

搜采異聞五卷

舊抄本。極精。有目無序。每半葉十一行，每行十七字，計四十七番。蕘圃以《稗海》本校。藏章有「崑山徐氏藏書」朱文長方印，「徐乾學印」、「健菴」朱文二方印，「黄金滿籯不如一經」白文長方印。

黄氏手跋曰：「《搜采異聞録》，見諸《絳雲樓書目》。此係傳是樓物，故收之案頭。無讐對，因向坊間取《稗海》本勘之，實爲此善於彼，蓋舊抄可貴也，不特總目、子目俱全，即每條詞句亦多佳處。而舊抄訛謬有可補正者，復載其異於上方。通體於字之是者旁加圈，非者、疑者旁加點，比《稗海》本衍文旁加尖角，此校之例也。戊辰八月八日，復翁。」

閑窗括異志不分卷

舊抄本。魯應龍編。無序，有目。每半葉十行，每行十八字。不分卷。蕘圃以《稗海》本校，並補闕二頁。藏章有「崑山徐氏藏書」朱文長方印，「徐乾學印」、「健庵」朱文、「徐駿」白文三方印，「黄金滿籯不如一經」白文長方印。

黄氏手跋曰：「《閑窗括異志》惟《絳雲樓書目》有之，舊本不多見，因取《稗海》本勘之。雖無大異，然究勝於彼。偶有訛脱，亦屬筆誤，悉分别圈、點、尖角以識之。其脱文復賴《稗海》本足之。案諸目録宜有也，因用别紙録出附卷尾。戊辰八月八日，復翁。」

又跋曰：「己巳仲冬廿有八日，取《鹽邑志林》本手勘一過，載於下方，有未盡者，間附行旁。至行間有朱筆改字，乃向所有也。通體不標目，其勝於此抄本者，惟『倪生僞香』條中多十五字耳。」

耆舊續聞十卷

舊抄本。標題後列「南陽陳鵠録正」六字。有朱墨筆校字。卷末有記語云：「乾隆己亥八月廿六日巳刻校完。是日爲桐鄉之行，勘畢解維矣。」又云：「癸卯十一月初五日燈下，小山先生本勘訖，漏三下矣。嚴寒，啜粥一盂而卧。」又云：「丙午十月三十日青鎮寓廬重勘。」均不署名。

太平御覽三卷

士禮居抄《道藏》本。極精。每卷標題下有「楹二」、「楹三」、「楹四」二字，板心亦有此二字。每半葉十行，每行十七字。有「讀未見書齋收藏」朱文長方印。

黄氏手跋曰：「余向考《絳雲樓書目·道藏集》有《道藏太平御覽》，《述古堂書目·太玄部》有《太平御覽》三卷，其書未之見也。頃從五硯樓袁氏閲所藏《道藏》目，見有是書，遂請借讀，因録其副。藏本每葉十行，行十七字。今改每葉二十行，行仍十七字，於板心填滿『楹二』、『楹三』、『楹四』記號，排定葉數，以便觀覽。第三卷缺二葉，舊所失也。卷數與述古藏者合。《絳雲》雖不載卷數，其必爲是書無疑。録畢，誌數語於後。復翁。」下鈐「復翁」白文印。

又跋曰：「己巳春，袁氏《道藏》本盡歸揚州阮氏，郡中藏書家未有刻本並録副者，此宜珍惜矣。孟冬朔日，復翁又記。」

麈史四卷

明抄藍格本。王得臣撰。每半葉九行，行十八字。毛斧季校本。末有朱筆題語。藏章有「平陽汪氏藏書印」朱文長方印，「士鐘」白文、「閬源父」朱文二方印，「平陽汪氏」朱文方印。

毛氏手跋曰：「辛卯五月十一日從舊抄三本校畢，一爲何元朗所藏，一爲欽仲陽所藏，一爲舅氏仲木所藏。三者之中，何本最善。推其所自，皆出於一。惟此則又是别本，然亦大有佳處，今亦可稱善本矣。汲古後人毛扆識，時年七十有二。」

癸辛雜識前後集二卷

舊抄本。每半葉十二行，行二十字。有朱、藍、黄筆校字，署名處已撕去。藏章有「馮氏開之」白文、「馮氏圖書」朱文二方印，「快雪堂圖書印」朱文長方印，「孝子後裔」白文方印，「平江黄氏圖書」朱文、「黄印錫蕃」、「嘉興李聘」朱文三方印。

某氏手跋曰：「此我大父抄本，書頭所記及點竄字皆手跡也。」下另行照原。

「『周公謹名密，齊人，寓居吴興，其祖少傅住郡城天聖寺側。公謹置業弁山，號弁陽老人。所著《齊東野語》、《癸辛雜志》及《雲烟過眼録》。』此陳仲翁題於《雲烟過眼録》中語也。癸巳重九後三日緝先人之舊業，裝於金華寓齋北窗芙蓉峰下。己亥閏三月□□□□□江涪築閣小齋□□」。下缺。

黄氏手跋曰：「此舊抄本《癸辛雜識》，有前、後而無續、别。然就所存者與《津逮》本相勘，已多勝處。書以舊刻名抄爲勝，豈不信然，勿以不全忽之。蕘翁記。」

又跋曰：「癸酉歲殘，又見一舊抄本，前、後、續、别俱全。後集末有吴方山題識，云先得前、後，後得續、别，知向來傳布本有前、後孤行之本也。又檢毛刻跋，亦有後得續、别之語，益信此本非不全也。甲戌正月三日，復翁。」

又跋曰：「《癸辛雜志》前、後二集與汲古本大略相同，但互有脱誤，當彼此讎校，方完善耳。至續集、别集再抄成附後，更成巨觀矣。」

韓氏手跋曰：「右長短十行字係馮文昌筆。文昌爲祭酒孫，『書頭所記』謂序文上方所記墨筆字，『點竄字』亦墨筆，書中朱、藍筆字亦文昌手書，黄筆不知。書末蕘圃兩跋俱未及，蓋亦未審筆跡故歟。」下鈐「應陛」白文小長方印。

鶴林玉露六卷

明陸師道手抄本。宋羅大經著。三卷。後有「嘉靖甲午三月長洲陸師道手録」十三字。藏章有「緑筠堂圖書」朱文、「白沙貢氏」朱文二方印，「平原陸氏藏書印」朱文長方印，「平原陸氏壽椿堂藏書印」、「一是堂讀書記」朱文、「超」白文、「元康」白文四方印，「廉石家風」朱文長方印。

徐氏手跋曰：「此書談山居閒適之趣，可以動悟，政恐纓緌之流以爲不情語耳。余自出春明十餘年，日涉此境，深解其趣，所謂一日清福上帝靳，吾輩不可□□□知足，爲達者笑也。戊辰夏五月，徐大臨識。」

燕閒筆記三卷

舊抄本。書衣題稱「吴枚庵手抄本」，未敢審定。

古迂陳氏家藏夢溪筆談二十六卷

宋沈括撰。元大德乙巳古迂陳氏東山書院刊本。每半葉高一尺一寸七分，廣七寸九分，書匡高四寸四分，廣二寸八分，書品闊大，爲古籍中之僅見者。汪氏蝶裝，共六巨册。每半葉十行，行十七字，單邊，白口[一]。刻畫極精，爲元槧最善之本。首有沈括自序，序後有陳氏跋，結銜「大德乙巳春茶陵古迂陳仁子刊於東山書院並序」。次乾道二年六月日左迪功郎主揚州州學教授湯修年跋。又次目録，後有雙行木戳云「茶陵東山書院刊行」八字。卷末有「廬陵黄剛中書琰」七字。每册首有「東山書院」及「文淵閣印」朱文二方印[二]，「元本」朱文橢圓印，「臣印文琛」白文方印，「平原陸氏藏書印」朱文長方印[三]；首册前有「雜部」楷書朱文長方印，「汪士鐘藏」白文長方印，「平江汪振勳棣泉氏印記」朱文方印，「汪印振勳」、「棣泉」朱文二方印；每卷末有「汪印士鐘」白文方印。此書非黄氏物。

校注

[一] 此本今藏中國國家圖書館，原本爲左右雙邊，細黑口。

〔二〕「東山書院」，爲「東宫書府」之訛。

〔三〕「平原陸氏藏書印」，疑當作「平陽汪氏藏書印」，亦爲汪振勳之印。

經鉏堂雜誌八卷

明姚舜咨手抄，據宋書棚本。末有「臨安府棚北大街睦親坊巷口陳解元宅書籍鋪刊印」一行，並姚自記云：「嘉靖甲子五月廿三日寫起，至八月二十四。此處有三四字挖去。下册，噫，難乎其爲力哉！」每葉藍格，板口下刊有「茶夢齋抄」四字。

韓氏手跋曰：「此錫山茶夢齋據書棚本抄出，審係姚舜咨手書。書末有記年月一條，嘉靖甲子姚年六十八矣。」

湛淵静語二卷

張充之手抄本。元錢塘白珽廷玉撰，海陵周暕伯暘編。前有白、周二序，末有嘉靖丙午孺允甫誌語。

韓氏手跋曰：「按，此册與《鐵圍山叢談》蕘翁跋稱張充之手抄者筆迹相似。彼書每遇『位』字皆缺末畫，此書『位』字偶檢幾處，末筆衹得半畫而止，與全缺一筆者用意當同，蓋避家諱耳。咸豐八年五月得之滂喜園，六月廿五日記。應陛。」

避暑録話二卷

舊抄本。宋葉夢得著。藏章有「浩才氏」白文、「□荆堂」白文二方印，「森□齋」白文長圓印，「黄印丕烈」、「蕘圃」朱文二方印。

疑砭録二卷

古歡堂抄本。有萬曆九年寧陽張登雲序。卷末有「乾隆癸卯季秋月傳海虞劉希聖本」十四字。卷首有「古歡堂抄書」白文方印。

澹齋内外言二卷

傳抄本。明雲間楊繼益茂謙著。

韓氏手記書衣云：「蘇州滂喜園藏抄本，原爲紅豆齋藏本。咸豐九年夏屬汪藹吉影抄，周杞亭模收藏印並裝。」

又記云：「有明中晚，子書大行，純雜深淺，各隨所見。楊氏亦爲諸子之學者，中間頗有精當語，可藏也。應陛。」

志雅堂雜抄一卷

舊抄本。宋周密撰。

鐵圍山叢談六卷

張充之手抄本。士禮居題書衣「百衲居士鐵圍山叢談」九字，並補蠹蝕殘字。韓氏記書衣云：「咸豐戊午六月一日，由士禮居轉入讀有用書齋。」

黄氏手跋曰：「此張充之手抄《鐵圍山叢談》，其本甚善。余所藏此書有雁里草堂抄本，此當從之出，惜蠹痕滿迹，余以別本補之。間有歧異，皆不及此，暇日當取雁里草堂抄本校之。丁卯十二月廿一日挑燈填補竣事，時久旱得雨，簷溜點滴，差快人意。復翁。」

又跋曰：「凡書必講其所以傳授，即如充之爲青芝先生子，青芝爲義門門人，故法書甚工，其子充之書卻甚拙，然所抄書出渠父子者皆妙，以有義門爲之先也如此。書出充之故後，破損不堪，書賈補綴未填寫，人視爲棄物矣。惟余知其源流，故得之而手寫其闕失，遂可卒讀。後人勿以尋常本視之。復翁又識。」

寓圃雜記十卷

明抄本。王錡撰。藏章有「曹溶私印」朱文方印。卷中有朱筆校字。

寓簡十卷

明抄本。宋沈作喆撰。滌鉢菴手校。有「平江黄氏圖書」朱文方印。

程氏演繁露十六卷續集六卷

明姚舜咨手抄本。沈欽韓校。前有列銜「嘉靖己酉八月下旬日賜進士湖廣布政使司右參政前奉勅提督廣東學校按察司副使後學餘姚陳塏」序。又程氏自序，序後列「淳熙庚子正月新安程大昌寓吴興書」。又秘書省《書繁露後》。後有淳熙辛丑陳應行二跋。《續集》首目録，卷末有嘉靖辛亥裔孫煦序。

姚氏手抄祇前三卷，三卷後筆迹殊異，蓋屬人抄完耳。收藏有「舜咨」朱文聯珠印、「茶夢主人收藏」白文長方印、「姚伯子手校書」白文長方印、「□□」白文方印、「茶夢山人」朱白文方印、「（司）〔句〕吳布衣姚咨」朱文長方印，「茶夢主人收藏」白文長方印、「韋布之士」朱文方印、「道在是齋中人」白文長方印、「芙蓉湖上人家」白文長方印、「姚印舜咨」白文方印、「潛坤居士」朱白文方印、「胡量」白文方印、「嵋峰」朱文方印、「胡槑之印」白文方印、「織簾過眼」朱文方印。

沈氏手跋曰：「《容齋五筆》冗贅，語卻少謬妄。此則敢於詆訾先儒，横肆胸臆，要諸《史》、《漢》之書未能貫串，妄欲評斷古今，深誤後學，故卷中略辨之。學者於此等書不觀可也。沈欽韓識。」下鈐「織簾過眼」朱文方印。

朱氏筆記不分卷六册

明朱文撰。此其手稿本。朱，蘇人，成化二十年甲辰二甲十名進士。所記皆列朝仕官科第。

二老堂雜誌五卷

舊抄本。宋廬陵周必大撰。無序目。藏章有「曹溶私印」白文、「潔躬」朱文二方印，「養拙齋」朱文、「顧肇聲讀書記」朱文二長方印。

省心雜言一卷

明抄本。南宋李邦獻撰。有紹興庚辰祁寬序及鄭望之、沈濬、汪應辰、王大寶四序。此述古堂藏書，卷首副葉墨書「子儒家省心雜言」七字，審是牧齋手書〔一〕。藏章有「虞山錢曾遵王藏書」朱文、「述古堂圖書記」朱文二長方印。

校注

〔一〕 此本今藏上海圖書館，「子儒家省心雜言」七字，疑爲錢曾手書。

山居新話一卷〔一〕

舊抄本。元楊瑀撰。楊維楨序。卷末自敘。敘後有「乾隆己卯九月傳元刻本於何東甫氏」十五字。鮑緑飲又以元刻本手校。卷前有「别歐」朱文印。

校注

〔一〕 此本今藏上海圖書館，鄒稿題書名作「山居新語」，據原本改。目録同改。

談藝録一卷

明徐楨卿撰。舊抄本。板匡黑口，每葉左下有「紅豆齋藏書抄本」七字。

頤堂先生糖霜譜一卷

明抄本。宋王灼撰。卷中有朱筆校字。末有清常道人朱筆跋云：「萬曆丁未七月十三日黎明閲此卷王華岡原本。清常道人題。」韓緑卿曾以《學津》本校，識云：「《學津》本脱誤極多，足證舊刻舊抄之可貴也。」藏章有「隨處體認」白文、「平江黄氏圖書」朱文二方印。

讀書小抄不分卷四册

明王華手藁本。藏章有「王槼」白文、「□爲主□令史」朱文、「云美」朱文、「聊以自娛」朱文、「沈印德潛」白文、「磬士」朱文、「陸紹曾」朱文、「伯齋」白文八方印，「謝林邨氏珍藏書畫」朱文長方印。

韓氏手跋曰：「按《千頃堂書目》有《垣南草堂稿》、《龍山稿》、《讀書類録》共四十六卷，稱浙江餘姚王華著。王登成化十六年鄉榜，十七年辛丑狀元，官至禮部尚書。《題名録》以爲侍郎，當有一誤。王號德輝。自序左方『嘉靖時人號愛江』七字係後人所加，不知出何人手。按辛丑下距嘉靖元年壬午四十七年，時已對策第一，當不下二十年，嘉靖時王雖存，要在六十外矣。咸豐庚申又三月四日記。應陛。」

又記曰：「按此册末有『嘉靖』字，蓋王享遐齡矣。又記。」

又記曰：「按此書當爲王草稿，審書中塗抹增添處自知。《明貢舉考略》：成化十六年楊繼宗爲浙江考官，得李旻、王華卷，朝服再拜曰：『吾爲朝廷得人賀耳。』後相繼登狀元。」

龍筋鳳髓判二卷

舊抄本。唐張鷟文成撰。

韓氏手跋曰：「此書抄手筆意，與《鐵圍山叢談》蕘圃據宋蘭揮藏本補殘字跋中定爲張充之抄者竟無二，此書亦當斷作張手抄本，惜蕘翁未經跋出耳。據此推知，讀未見書齋所收本子多有來歷，復翁一目了然，而不能遍爲署出，他人見之，無從識得，可爲一歎。咸豐八年五月得之蘇州黃氏滂喜園，六月下旬取出曬晾並記。應陛。」

袁氏世範三卷增廣世範詩事一卷

宋槧宋印本。宋三衢袁采著。每半葉十一行，行二十字，單邊，白口。有結銜「淳熙甲戌中元日承議郎新權通判隆興軍府事劉鎮」序，序後有袁采自記七行，與劉序低一格，惟此二葉係袁褧所抄補。有篆書「袁氏永寶」四字，下鈐「休復堂印」白文方印。又有墨書「安節曾孫衡寶藏」七字，下鈐「袁衡之印」朱白文方印。每條標目小字列上方。每篇首行行皆足格，餘悉低一格。末《增廣世範詩事》一卷，宋方昕撰。每半葉十一行，行十九字。卷末本有袁表、袁褧、袁廷檮三跋，爲俗手割去，韓緑卿據鮑刻本録入。藏章有「袁褧印」白文、「袁衵」朱文、「袁衡之印」朱白文、「動和」朱文四方印，「春穀草堂」朱文長方印，「子子孫孫永寶」朱文橢圓印。

袁氏跋曰：「有明正德庚辰六月朔，偶得《世範》三卷，其目曰睦親、處己、治家，皆吾人日用常行之道，實當世之範也。讀其自序，以爲過實，謙德之盛如此，吾家其世寶之。袁表識。」

袁氏跋曰：「《袁氏世範》，馬端臨《書考》定爲一卷，此本次列三卷，後附《詩鑒》一集，且刻劃精工，信爲善本，豈《書考》有所誤耶？觀書中皆修齊切要之言，誠余家所當世範者也，是宜珍藏之。正德庚辰六月八日袁褧識。」

袁氏跋曰：「宋三衢袁君采著《袁氏世範》，見《唐宋叢書》及《眉公秘笈》[一]，陳榕門先生復采入《訓俗遺規》，然皆非足本。乙巳春，予於書肆檢閱舊編，得此宋本，書分三卷，後附方景明《詩鑒》一卷，有予從祖陶齋公、謝湖公二跋，稱其校刻精善，洵爲世寶，是吾家故物也。楚弓楚得，若有冥貽。謹讀數過，其言約而賅，淡而旨，昌黎所謂『其爲道易明而其爲教易行』者。予方刻載家譜，鮑丈以文見而賞之，復梓入《叢書》，附《顔氏家訓》後，以廣其傳，是作書者幸甚，而余之購得此書亦幸甚。乾隆庚戌孟冬，古吴袁廷檮跋。」

韓氏手跋曰：「右三袁跋，照鮑刊《世範》本録，原墨蹟蓋即在此本三卷後末葉，後幅紙割去者亦是也。其割去蓋在袁又愷廷檮家散出時，其自袁後人與自書賈手，皆未可知。袁表跋首有『有明』二字，原本必不如此寫，當係袁、鮑重刊時所改。但袁明人，不能如此説，欲一一改之，《明史》内凡此等字出自明人口何限，豈能悉改耶？　咸豐戊午九月二十日記。應陛。」「口」下脱「者」。

又跋曰：「此本一卷『父母多愛幼子』一條云：『方其長者可惡之時，正值幼者可愛之日，父母移其愛長者之心而更愛幼者，其憎愛之心從此而分，遂成邐迆。最幼者當可惡之時，下無可愛之者，父母愛無所移，遂終愛之。』語自明白。鮑本於『最幼者』二語『愛』、『惡』二字互易，『下』字作『不』字，文理遂牽強難通。其故在不肯細心看本文而輕易改抹所致，改抹處當亦自知未安，又懷不欲輕改之心，以爲較原本已善，又私心竊念作者文理或本平常，遂不復推求。而不知此由其偶不審本文之故，而非本文之文理有未善也。鮑稱善校，猶有此失，其下更未易言。記此俾人知校本之不可恃，而或稱據某本校刊云云者，仍未必盡同原本，而所據之原本，仍不可以其既經刊出而不甚寶貴也。二十一日又記。」

校注

〔一〕「笈」，原訛作「篋」，今逕改。

鳴鶴餘音二卷

元刊本。元仙遊道士彭致中輯。所録皆古今仙真歌詞。此書《四庫》不著録，各書目亦罕載，惟《浙江採集遺書總録》載此，稱八卷，且係寫本云。藏章有「戴印光曾」白文、「□□氏□源書室圖記」朱文二方印，「□□收藏」朱文葫蘆印。

道藏本道德經八種

舊抄本。每半葉十行，行二十二字，黑匡格，板心下有「純白齋」三字。係明人從《道藏》本録出，共計八種：一《道德真經集註》，爲唐明皇、河上公、王弼、王雱註，凡十卷；一《道德真經集註》，爲宋鶴林真逸彭耜纂集，凡十八卷，釋文一卷；一《道德真經註疏》，爲吴郡徵士顧歡述，凡八卷；一《道德真經衍義手抄》，原缺一、二兩卷，爲五峯清安逸士王守真集，凡二十卷；一《道德真經註》，爲玄門開真弘教大真人廣陵仁齋林志堅註，凡上下兩卷；一《道德真經義解》，爲息齋道人解，凡四卷；一《道德真經註》，爲元天觀道士李榮註，凡四卷。此書爲士禮居故物。以上悉依蕘翁所署書衣抄録。藏章有「汪士鐘藏」白文長方印。

陰符經三篇

明韓晉之手抄本。分上中下三篇。每半葉八行，行二十字。

韓氏手贊曰：「崇禎六年癸酉二月九日，三山韓錫晉之手寫《陰符經》竟而作贊曰：陽數用九，陰數用六。以六符九，六陽皆伏。陽亢於上，剛極而觸。得陰詘之，毋羸厥角。息之於根，時至乃復。子半見心，以殺爲育。」

葬經不分卷

明韓晉之手抄本。晉郭璞著。

韓氏手贊曰：「崇禎癸酉九月二十七日，晉之韓錫寫《葬經》已而作贊曰：《葬經》立，人遂不得葬矣。葬也者，藏也，欲人之不得見也。乃殯其先人之骨，以求所願。甚且既葬而發，是教之不孝者，郭子之論也。乃其文則古樸簡倩故。」

集注太玄經四卷

明刊本。張岳註。有行書序及司馬光原序。

唐三藏法師唯識量質疑録一卷

舊抄藍格本。標題下有「清杭州信三寶人吴樹虚説」十一字，即其述稿也。藏章有「珊枝手校」朱文、「遇順目」白文二長方印，「毛□子閱過」朱文橢圓印。

新編古今事文類聚外集十五卷

元泰定丙寅廬陵武溪書院刊本。每半葉十三行，行二十四字，黑口。祇存外集十五卷。

事物紀原十卷

明刊本。有正統十二年戊辰閻敬序。標題列銜「鄉貢進士閻敬校正」。每半葉十二行，行二十四字，黑口。分一至五爲上卷，分六至十爲下卷。藏章有「半農」白文、「秋□」朱文、「張孺子」白文、「□□」朱文、「滄鯨」白文五方印。

事物紀原十卷

舊抄本。韓氏手記於書衣云：「抄本四册，中有朱筆校字，不見校者姓名。所據校字，當據明正統年閻敬校刊黑口本。有稱『别本』、『一本』者，不知何本。按此書曾見宋刊本，未知又何如也。咸豐八年七月得之嘉禾沈秋泉，抄校俱近人手，目録亦係後補。」

大乘百法明門淺説一卷八識規矩淺説一卷大乘起信論一卷附遠鏡説一卷

標題後列「寶水恒願居士口述，木菴居士鄭仁佐梓」二行。前有康熙癸酉不慧頭陀序。卷末刊有「板存漢口妙法菴」（六）［七］字。卷中有署名「永忠」者朱筆跋云：「此佛菩薩大乘心法也，得此《淺説》，修因者不俟講而明，寶水居士真慈悲也。心法微妙，讀者幸勿以荒唐淺近而忽之，至囑至囑。大清乾隆三十五年庚寅閏五月十二日，宗室永忠。」卷末又有「庚申仲春閱」五字。其《遠鏡説》西洋湯若望著，有天啓六年自序，係當時作爲襯紙用者。韓氏重裝取出，因有識語云：「此册内襯紙有《遠鏡説》一種，末有『用鏡測星法』、『用鏡測交食法』二條，爲《藝海珠塵》内刊本所無，應取出另裝。庚申三月晦日記。」

因明入正理論後記六卷

舊抄藍格本。清吴樹虚著並序。江鐵君手校。卷末有朱筆記語云「辛未二月朔，學人江沅閲一過」十二字，下鈐「沅字」朱文印。藏章有「毛□子閲過」朱文橢圓印，「珊枝手校」朱文、「真傳」白文、「會一」朱文、「臣印星衍」白文、「伯淵父」朱文五方印。

楊氏手跋曰：「緑卿韓君見示此本，有孫淵如觀察名印，丹黄標抹，間用昔人館閣校勘法。余不知釋氏之學，近吾鄉錢衎石給諫有《佛爾雅》一書，爲時所推。給諫殁，此書遂不易得。又吾友邵位西樞部、鍾子勤孝廉皆覃精經義，而於佛氏之學俱有所述，韓君試舉以相質，當能發明此書之蕴也。咸豐丁巳十月，秀水楊象濟跋。」

歷代帝王法帖釋文十卷

舊抄本。顧從義編。藏章有「檇李曹氏」朱文長方印，「檇李曹氏藏書」白文、「曹印彦樞」白文、「潛中氏」朱文、「檇李曹氏珍藏」白文四方印，「臨帖讀書」白文長方印，「檇李曹氏藏書印」朱文橢圓印。

方氏墨譜不分卷

明刊本。方建卿著。有題識甚多，所載諸圖式皆精細絶倫。藏章有「俊明之印」方印。此書《四庫》

未收。

法書攷八卷

曹楝亭刊本。何小山手校。卷首有「楝亭藏書」朱文方印，卷末有「時于此中得少佳趣」朱文長方印。

何氏手跋曰：「康熙戊戌秋仲，鹽官馬寒中持張伯起手抄本來，破費半日功夫校一過。張本向藏倦圃，先生殁後，將舊抄宋明板書五百册質於高江邨，竹垞先生倍其直而有之，此册亦在數中。壬午、癸未間，竹垞寓居慧慶僧房，此册適在行囊，時毛斧季、王受桓皆抄一本，後巡鹽使曹公刻出。竹垞既没，此册又歸寒中，故得可以粗校，惜書不甚良，又錯亂誤謬處，張氏亦不能勘正爾。小山仲子記。」

韓氏手跋曰：「倦圃姓曹名溶，檇李人，與錢牧齋同時，序《絳雲樓書目》者。咸豐乙卯十月，應陛記。」

又跋曰：「咸豐五年八月，湖州書友來松，持有《楝亭十二種》不全本，曰《法書攷》，曰《琴史》，曰《梅苑》，曰《禁扁》，凡四種。《法書攷》序前有小山仲子記語一則，蓋據張伯起抄本手校者。《琴史》末有小山仲子朱筆記語一條，係渠从子輩據照宋款抄本校者。後二書亦皆經校勘者，顧皆不著校者之人及所據之本。審其筆迹，似與小山仲子記語二條者相似，不知果出一手否也，又不知小山仲子係何姓名也，查得當爲注入。十月八日記。應陛。」

又跋曰：「小山仲子疑係何小山先生，義門先生弟也，名煌，學問雖亞於兄，而校書之勤，伯仲相似。八年十一月廿五識。」

琴史六卷

曹楝亭刊本。何小山手校。有「楝亭藏書」朱文方印、「時于此中得少佳趣」朱文長方印。

何小山手跋曰：「康熙甲午冬買得照宋本款抄本一册，命從子輩校，明年乙未新春識之〔一〕。小山仲子。」

校注

〔一〕「春」，鄒稿誤作「卷」，今據南京圖書館藏《讀有用書齋藏書志》稿本改。

硯箋四卷墨經一卷琴史六卷書法攷八卷録鬼簿二卷

楝亭刊本。藏章皆有「小蓮居士戈襄」白文、「臣印戈載」白文、「順卿」朱文三方印。

宣和書譜二十卷

明刊本。有嘉靖庚子升庵楊慎序。每半葉九行，行十九字。

宣和畫譜二十卷

元抄本〔一〕。首列宣和殿御製序，次目録、敘目等。黄氏蝴蝶原裝四册。藏章有「劉印世□」白文、「吴下孫氏」朱白文、「黄印丕烈」白文、「復翁」白文、「士禮居藏」白文五方印。

韓氏手跋曰：「按此書原包紙題元抄，但非復翁筆。審其筆意，似尚屬明人筆。至此書所以定出元人手者，不知何故。惜復翁未曾作跋寫入，無從分曉。應陛。」

校注

〔一〕 此本今藏上海圖書館，《中國古籍善本書目》作明抄本。

清河書畫舫十一卷

就堂和尚抄本。明張丑撰。宋賓王手校，有「宋蔚如收藏印」朱文長方印。一卷末有宋氏記語云：「雍正四年孟夏前三日，借校吴郡蓮涇王聲宏先生手校洞庭翁氏藏本一次。婁水宋賓王記。」三卷末又有識語云「釋氏佛生日校吴郡王蓮涇先生藏本一次」十七字。每本末皆有墨筆記字。

宋氏手跋曰：「丙午春初金星軺喬遷吴門時，偕余至蘇寓桃花塢新第，書客聯踵至，蓋喜星老居此也。晤言欲購《吴郡志》、《吴郡續圖經》善本不得，余以所藏副本易此三、四種，復從王蓮涇齋頭借得先生近較金元功所得洞庭翁氏藏本讐校之。此係石竹墩就堂和尚手抄，字畫極整，第安置錯雜猶未盡善處，續抄者當閲政之。宋賓王記。」下鈐「宋蔚如收藏印」。

冀越集前後二卷附相宅管説

元熊太古撰。古歡堂抄本，士禮居以舊抄本校。藏章有「古歡堂抄書」白文方印，「枚庵流覽所及」朱文、「蕘圃手校」朱文、「黄丕烈」白文三方印。

吴氏手跋曰："右《冀越集》二卷，元熊太古撰。太古，豐城人，天慵先生朋來之子。篇末所引《瑟譜》及《家集》，皆朋來所著也。予舊藏明伍氏刻本無後卷，乾隆壬寅六月，借蔣氏賦琴樓所藏吴匏庵本録全。是年九月，又得武林鮑氏知不足齋本校讐譌脱，遂並録而識之如此。太古表字莫考，所書二十事可作小傳讀，不啻太史公之自序云。明年二月晦日雨窗，吴翌鳳書。"

黄氏手跋曰："余初得一舊刻本《冀越集》不分卷數，因上有不寐道人印，知爲金孝章所藏，其書必非無用者。後閱錢辛楣先生《補元史藝文志》，於雜家類載有熊太古《冀越集》二卷，疑此非全書。後果收得吴枚庵手抄本，又有後集，並多序文一通。檢枚庵跋，知無後卷者乃伍氏刻本也。緣校刻本異同於前卷上，抄本殊勝刻本，想抄所自出定爲元刻矣。甲子十一月冬至前夕新寒，昨莫得微雪，霽色映窗。蕘夫書。"

又跋曰："戊辰四月二十有二日，至上津橋骨董鋪觀西莊王氏所散之書，中有舊抄本熊太古《冀越集記》二册，攜歸校閲，紀其同異於上方。舊抄本每葉十六行，每行二十字。本文較標題空一格，有擡頭處須出格也。每卷首題『冀越集記』，次行、三行多撰校人名，載其式如右。余案此抄所自出，遇『世皇』等出格，似元刻，然開卷『元朝軍制』，『元』不稱『國』，又何耶？抑抄者後改耶？再『虞城程金鉅野校』，不知何朝人，俟考之。復翁黄丕烈識。"

又記曰："舊抄本校著於上方。復翁。"

傷寒要旨二卷

宋槧宋印本。每半葉九行，行十六字，單綫，白口，板心下有刻工黄憲、毛用等姓名。末刊有二行云「右《傷寒要旨》一卷、《藥方》一卷，乾道辛卯歲刻於姑孰郡齋」二十二字。末有墨書三行云：「南宋孝宗朝乾道七年鐫板，紙乃白宋牋也，宜寶之。即非宋板，亦是明朝初年書，不可因其不全而輕廢之。甲申正月十有六日記。」作疑信參半語，幸得蕘翁手跋力駁確爲宋本無疑。目録後又有墨書三行云：「崇禎甲申元宵，蝶菴孫道兄見惠。向置亂卷中，庚戌端節後雨如瀑布，檢出裝好，補方六道，以備參考云。」末署姓名，不知何人手筆。卷中缺筆避「丸」作「圓」。此書見《直齋書録解題》，知爲李檉所撰，失傳已久，故蕘翁斷爲絶無僅有之奇書耳。藏章有「振勳私印」朱白文、「某泉父」朱文二方印，「平陽叔子」朱文、「眉泉」朱文二長方印，「吴下汪三」朱文方印，「紳之」朱文橢圓印，「汪印士鐘」白文、「閬源真賞」朱文、「士禮居」、「黄印丕烈」、「復翁」朱文五方印，「讀未見書齋收藏」朱文長方印。

黄氏手跋曰：「此書偶從書友得之，初不過重其爲宋刻，而未知其爲何人所著。因見《直齋書録解題》有《傷寒要旨》二卷，李檉撰，列方於前而類證於後，皆不外仲景，知此爲李檉所著也。外間無別本刊行，故人多不識。似此精妙宋本，人皆目爲明板，惟余則確然信之，以白金三兩餘購得。卷中明明有『乾道辛卯歲刻於姑孰郡齋』字樣，後人以南宋孝宗朝乾道七年鐫板釋之，可云有識；不知何人妄説，以爲即非宋板亦是明朝初年書，作疑信參半語，可云無識。目録後有跋云『崇禎甲申元宵，蝶菴孫道兄見惠，向置亂卷中。庚戌端節後雨如瀑布，檢出裝好』云云。但有圖章而無墨書姓名，圖章又糊塗莫辨，未知其爲誰何矣。今余檢出裝好，適在癸亥端節，竟日雨如瀑布，何情景之恰相似耶！想見讀書人不事他事，日以破紙爲性命，作消遣光陰之計，古人與余亦同此寂寞爾。黄丕烈。」下鈐「蕘圃」朱文方印。

又跋曰：「此書爲乾道辛卯刻於姑孰郡齋，其爲宋板，固無疑義。而卷中惟避『丸』作『圓』，此若『驚』若『玄』，未有避者，宜外人之疑爲明刊也。頃五柳主人從都中寄余《洪氏集驗方》，余開卷見其行款字數與此相類，閲後『刻之姑孰』及『乾道庚寅』云云，知一時刊刻，故板式相同。迨出此相證，見每葉記刻工姓名有黄憲、毛用等人，乃知二書同出二工之手，庚、辛兩年先後付雕也。然二書顯晦有同有不同者，此書載諸《直齋書録解題》，而《洪氏集驗方》不載，《洪氏集驗方》載諸《延令季氏宋板書目》而此書不傳，豈非顯晦各異耶？茲何幸余之並藏兩書耶！且是書失傳已久，雖殘編斷簡，猶得收而寶之，所見亦可謂罕秘矣。因再跋數語於卷末。甲子冬十一月望前三日，蕘翁。」下鈐「黄丕烈」白文方印。

又跋曰：「此書不傳於世久矣，故各家書目罕載之，係從坊間插架見有《傷寒要旨》籤，急取視之，其標題曰『傷寒要旨方』，次行云『當塗李檉撰，與幾編輯，吴會沈子禄承之校正續補』，知非李書之舊矣。即所載諸方敘次略同，而分兩法製、輕重多寡，彼此互異，益徵此殘宋本之可寶也。《要旨》一卷，沈所未載，更爲絶無僅有之書，安得不視爲奇物耶！丁卯孟夏，復翁。」

醫史五卷

姚舜咨抄本。明浚儀李濂輯。藏章有「句吴布衣姚咨」朱文長方印〔一〕、「潛坤」白文、「重光」白文、「子宣」朱文三方印。

韓氏手記曰：「自書目至四卷《甄權傳》止，爲錫山姚舜咨手抄，餘當亦姚屬人寫者。姚亦嘉靖時人。應陛。」

校注

〔一〕「有」字後衍一「有」字，今逕删。

脈經十卷

影宋抄本。每半葉十二行，每行二十字。序二行下有「晉太醫令王叔和撰」。

蘇沈内翰良方十卷

明刊本。與《藝海珠塵》不同，卷末書牌云「黄中南校正，康王庙前陸氏刊」。每半葉八行，行十六字。刻畫清朗，爲明刻中之善本。

王氏脈經十卷

明覆元泰定刊本。晉王叔和撰。成化甲午錢溥序，稱淮陽重刊。後有畢玉序。每半葉十四行，行二十字，黑口。有朱藍筆圈點、墨筆校正，不署名。藏章有「儒雅堂」朱文長方印，「□珠□圖書記」白文、

「忍辱頭陀」白文二方印，尚有二印糊塗莫辨。

錢氏小兒藥證三卷

舊抄本。宋錢乙仲陽氏著，門人閻孝忠集。

陶華傷寒六書六卷

明嘉靖癸巳春湖廣［布］政使司刊本。六書凡《瑣言》、《家秘的本》、《殺車槌法》、《一撮金》、《截江網》、《明理續論》，每册書衣俱蕘翁手跡。

黄氏手跋曰：「嘉慶丁丑春，余送兒孫輩道考玉峯。是時書賈雲集，往諸坊閲之，無一古籍爲余所見者。方甚怏怏，適有書友探知余在考棚，即攜書見示。余檢得明人子部二種，此其一也。得此書後晤王椒畦孝廉，渠知是陶節菴，字尚文，餘姚人，永樂中官□縣訓□，却未言其著書之名。取歸與《補明史藝文志》對，知此書爲《陶華傷寒六書》，《瑣言》、《家秘的本》、《殺車槌法》、《一撮金》、《截江網》、《明理續論》。無一缺失，是可喜也。餘書尚多，俟續訪之。宋廛一翁手記。」下鈐「復翁」朱文方印〔一〕。

校注

〔一〕此跋文與《蕘圃藏書題識》甚相出入，故録《蕘圃藏書題識》之文以供參考：「嘉慶丁丑春，余送兒輩道考玉峯。是時書賈雲集，往諸坊閲之，無一古籍爲余所見者。方甚悵怏，適有書賈探知余在考棚，攜書來示。余檢得明人説部二種，此其一也。得此書後晤王椒畦，渠知是陶節菴，却未言其著書之名。取歸與《明史藝文志》對，知此書爲《陶谷傷寒》六卷，字尚文，餘杭人，永樂中官本邑訓科。《瑣言》、《家秘的本》、《殺車槌法》、《截江綱》、《一撮金》、《明理續編》，無一缺失，是可喜也。餘書尚多，俟續訪之。宋廛一翁復翁。」

直指方論十三卷

宋楊士瀛仁齋撰。古婁檢齋手抄本。每半葉十行，每行二十四字。藏章有「士禮居」朱文長方印，「黄印丕烈」、「蕘圃」朱文二方印。

黄氏手跋曰：「郡中有外科醫生高某，家多秘本醫學書，相傳抄本有《仁齋直指》，外間皆未之見。及去歲某故，所遺少妾幼子，家中書半皆散佚，而此書亦出，余得寓目。因遍檢舊藏書家目，皆云《仁齋直指方論附遺》二十六卷，與此十三卷不合，雖曰明人附遺，其二十六卷與十三卷所以異同之故，未經剖析，故目録家但知有二十六卷，曾不知有十三卷也。及十三卷之書出，而人反疑其卷帙之少，未敢信爲善本，不之重也。今兹歲初，偶於坊間獲明刻本二十六卷者，乃又追蹤十三卷之抄本，始悉改十三卷爲二十六卷者出於明人，其目録之大小字或照原或更改，盡出臆斷，而本書面目盡失。因嘆目録之學爲甚難，苟少博聞廣見，難以置喙，書必原本方爲可貴也。余既收得刻本矣，不得不復置抄本之原書爲如此。丙子二月二十有四日坐雨百宋一廛中書。廿止醒人識。」

又跋曰：「附録黄俞邰《補明史藝文志》，補宋楊士瀛《醫學真詮》二十卷，又《活人揔括》十卷，又《仁齋直指附遺方》二十六卷。字登文，景定間三山人。」

蘭室秘藏三卷

明刊本。明東(坦)[垣]老人李杲撰[一]。每半葉十行，行十七字，黑口。卷首有「□□」朱文方印。

校注

〔一〕「坦」爲「垣」字之訛。李杲晚年自號東垣老人。

幾何原本六卷

刻本。明萬曆間西人利瑪竇口譯，徐光啓筆受。

韓氏手跋曰：「按此書利氏引，末有西洋圖記方、圓各一，無徐氏序及考訂校閲姓名及雜議、題再校本二條，當係丁未歲京師原刊板。再校本係辛亥所定，見於徐氏題再校本語中，又云『有所增定，比於前刻差無遺憾』，是此册仍有異字，仍可兩存也。時咸豐七年正月九日識。應陛。」

幾何原本續集八卷

家刻本。海寧李壬叔譯。韓緑翁校。

韓氏手記曰：「此書行世罕少，蓋剞劂訖工即遭庚申之難，板片燬於兵燹，其後亦無翻刻，故各書目亦無有是書之著於録者。」

理法器撮要三卷

求是樓抄本。明泰西利瑪竇撰。有「求是樓珍藏」印章。

末有跋曰：「右書三卷，圖注精詳，詮詁明確，約而不泛，簡而能明，洵天文、數學家不易得之寶也。戊寅初夏，借得汲古閣毛氏抄本，因令胥抄録一過，雖字跡繪工（遄）〔遠〕遜毛本，然大意不失，尚可見廬山面目。爰書數語，藏之篋衍。求是樓主人識。」

雲間韓氏藏書題識彙録集類

松江韓應陛緑卿藏　吳縣鄒百耐編纂

離騷草木疏一卷

明人據宋本抄。每半葉十二行，行二十一字。藏章有「毛晉私印」、「汲古主人」朱文二方印，「毛晉」朱文長方印，「東谷」朱文葫蘆印。

韓氏手跋曰：「《讀書敏求記》云：劉香之書不可得而見矣。世傳惟宋吳仁傑斗南所著《草木疏》，復經甬東屠本畯田叔芟其蔓衍而補益之，改盡斗南舊觀，且以吳氏缺『鳥獸』爲非通論。夫美人香草，《騷》之寄託云然。後人止疏草木者，其意適與靈均合。田叔别撰《昆蟲疏》，蓋欲多識鳥獸草木之名與，失騷人之旨矣。從曹秋岳先生借録，得觀斗南原書，何其幸也。」下鈐「應陛手抄」朱文方印。

陸士龍文集十卷

叢書堂抄本。每半葉十行，行二十字。板心有「叢書堂」三字，惜有割裂痕。藏章有「中吳吳寬」朱文長圓印，「吳氏家藏」朱文長方墨印，「席鑑之印」朱白文、「席氏玉照」朱文二方印，「席玉照讀書記」白文、「汪士鐘藏」白文二長方印。

韓氏手跋曰：「《陸士龍文集》十卷，爲叢書堂抄本。目録四葉似爲匏庵先生親筆，當寶藏之。咸豐己未十一月朔日得之書友金順甫。」

謝宣城詩集五卷

蔣篁亭手抄本。末有蔣手記曰：「康熙庚寅二月，借義門師處校正《宣城詩集》，手録一册。香巖小隱蔣杲。」

韓氏手跋曰：「咸豐八年二月二十日，湖州書友持來汲古閣影宋抄本，索價二十四千，還之。檢此書各家所稱抄本及舊抄本皆如汲古本，此書抄與舊抄之異稱又不知何説。汲古本末有跋，匆匆未録也。應陛。此書於咸豐七年八月得之蘇州世經堂書友張姓。」

梁昭明太子文集五卷

明刊本。標題次行「大明遼國寶訓堂重梓」。

王無功集三卷

明抄本。王勣撰。何義門手校。前有吕才、陸淳兩序，後有蘇軾序。附録詩三首，係明人林雲鳳所箋，末有林氏手跋。藏章有「林雲鳳印」白文、「若撫氏」白文、「何義門批校本」朱文三方印。

林氏手跋曰：「右《王無功集》，家大父手録，藏之篋中久矣。近得其軼三首，皆表表耳目，而是集不載，因附記於此。萬曆壬寅季夏朔，雲鳳書於吳興沈氏之西樓。」

何氏手跋曰：「庚寅借得爛溪潘氏影宋寫本校讀。焯記。」

陳伯玉集二卷

明刊本。序及目録皆據宋本抄補，毛子晉校。藏章有「臣□」朱文、「子堅」朱文、「琴川書屋」朱文三方印，「士禮居藏」朱文長方印。

韓氏手跋曰：「此書於戊午年得之蘇州滂喜園，黄氏包紙稱毛校。按書中一卷七葉四行、十七行、二十行，十三葉二行、七行、十七行，三葉六行，六葉五行、十三行，八葉三行，九葉十五行，十一葉十三行，十三葉四行，十四葉七行、九行，皆出毛子晉手筆。咸豐庚申又三月四日細檢記出，俾後人知毛氏手筆者得以印證，不知者亦不至棄擲云。應陛。」

陳伯玉前後集十卷

明萬曆廣濟舒其志刊本。前有原序及弘治辛酉張頤、萬曆己酉曹學佺兩序。每半葉九行，行十九字。藏章有「海寧楊芸士藏書之印」朱文方印。

張説之集八卷

明刊本。無序目。每半葉九行，行十七字，黑綫口。

李翰林集三十卷

乾隆五十六年吳門繆曰芑武子覆刻宋本。有朱墨筆依宋本校正甚多。按此書無印記，惟審朱墨校字皆出黄氏手，可斷爲蕘圃手校本。

杜工部七言律詩二卷

明刊本。標題下列「虞集伯生註」。前有四序，一正德三年新安鄭莊、二廬陵楊士奇、三建安楊榮、四宣德九年胡濙。後有黄淮序。每半葉十一行，行二十字。注低一格。卷末有記語云：「歲在乙酉，北兵勦邑，書籍無不散佚。予偶得此於塗遇之手，因珍藏之。」不署姓名。藏章有「徐印玄植」白文、「穉登私印」朱白文、「壽孫」漢滿合璧朱白文、「壽孫之印」朱白文四方印。

杜詩五言古選一卷附曝書亭詩五古選一卷

舊抄本。卷中有朱筆評語，不署名。藏章有「朱氏倩士」白文藍色印，「及翁」白文圓印，「賞雨茅屋」朱文、「方外酒徒」白文二方印。

高常侍集一卷

明影宋抄本。唐高適撰。卷末有墨書三行，云「適性落魄，不拘小節，恥□常科，隱跡傳□，才名遠吾詩多胸臆語，兼具氣骨，故朝(墅)[野]通尚其文」，共卅七字，不署名，亦無圖記。藏章有「丁未進士」朱文、「大姚邨上人家」朱文二長方印，「徐素」白文、「女白氏」白文聯珠印，「士禮居藏」八分書朱文長方印。

韋蘇州集十卷

明覆宋書棚本。每半葉十行，行十八字，單邊，白口。係明本之精湛者。卷中經前人以宋本及項氏玉淵堂本校，見跋語中。審其跡，似義門。

某氏手跋曰：「丁亥仲冬，從朱文游先生架上假得宋槧《韋蘇州集》，因以是本對臨。但宋刻亦多謬誤，字體尤參差，兹就是者從之，其不必從及訛者，亦寫於本字之旁，或註明於下方，以備參考。閲後序一篇，蓋韋詩之刻始於熙寧九年，度支郎中昌黎韓公出知蘇州府事，命賓佐參校，而終之於權知吴縣事葛蘩。此本殆據蘩本重梓者，未著年月，亦不能詳其出於何人也。項氏玉淵堂本較勝，無續添諸篇。」

韓昌黎文集殘本二卷

宋槧宋印本。殘存三十九、四十兩卷。每半葉十一行，行二十字，單綫，白口。每卷首標目録，標題次行列「門人李漢編」。藏章有「上鄙」朱文長方印。

韓氏手跋曰：「按黄蕘圃翁丕烈《百宋一廛賦注》云：『殘小字本《昌黎先生集》，每半葉十一行，每行廿字[一]。所存卷一至十卷，字畫方勁而未有注，當是北宋槧。又殘本，同前刻，所存第三十九、第四十兩卷。』今此本卅九、四十兩卷，標題、行款、字畫俱同，亦未有注，當即黄注所謂『又殘本同前刻』者也。注時在嘉慶乙丑云。咸豐九年六月十九日記。應陛。」

又跋曰：「四十卷《論淮西事宜狀》〔二〕云：『取勝之師不在速戰，兵多而戰不速，則所費必廣。』近世《韓集》稱善本如東雅堂，俱作『必在速戰』，試思作『必』字成何文理？而幾經校刊，均不知其有誤，雖由校者粗心，亦因所見皆（贋）〔贗〕本故也。今得此，則是非立辨矣。宋本之可貴如是。近翻刻《五百家注》本〔三〕，本文亦作『必』〔四〕，惟下加注四字云『必一作不』。是尚及見『不』字本，而仍不能定此字之當爲『不』，不當爲『必』也。則雖見亦徒然而已耳。又記。」

又跋曰：「前後二小印，蓋係『上郚』二字，別見舊抄《李義山詩集》有此印，兼有『上郚馮氏□印』繆篆印、『班』小方印。班，馮名也。馮自署所著書每作『上黨馮班定遠』六字，黨、郚同。此《韓集》殘本二卷，亦經定遠珍藏者與。定遠爲祭酒夢貞子，家多書。二十日晨起又記。」

又記書衣云：「咸豐八年戊午五月朔得之滂喜園，十二月重裝。」

校注

〔一〕 此本今藏臺灣「國家圖書館」，「每」字據原本補。

〔二〕 「事」，鄒稿誤作「夷」，據原本改。

〔三〕 「本」，鄒稿脱，據原本補。

〔四〕 「本」，鄒稿誤作「注」，據原本改。

朱文公校昌黎先生文集十卷附外集集傳遺文遺詩

元刊本。晦庵先生考異，留耕王先生音釋，朱子序，王伯大音釋。序上有凡例，卷端有韓氏手抄唐説齋韓子後序，原據姚樗寮先生所録本。每半葉十三行，行二十六字，雙綫，黑口。末闕四葉，抄補。韓氏用五色筆以東雅堂《韓集》校，並據諸家勘本度入，詳見跋語中。藏章有「雲間陸耳山珍藏書籍」朱文方印。

韓氏手跋曰：「應陛幼時即喜韓昌黎先生書，以方事舉業，未暇學也。道光庚戌夏六月應禮部試，因得此書於坊間，中並收朱子《考異》、王氏《音釋》二種。竊嘗謂欲考正韓子書，舍朱子《考異》無由，而《考異》自爲王氏附入《韓集》，世遂無單行本。王氏取《考異》總附每章下，字句有所更易，已不能盡依朱子舊。見凡例。踵其後者，又取而散入篇間，又不能盡依王氏舊，而近世所行各本，又有位置多少之不同，如此書與諸別本是也。但書中所有，盧氏軒《韓筆》、顧氏嗣立《韓詩》，皆不載《考異》，徐氏時泰雖録《考異》，尤多肆意更易增損。其爲《考異》本文最完好者，乃一翻板徽本。此書屬舊刻，或較勝，因取草校勘一過，且作且輟，凡四閲月始畢。校本爲徐氏東雅堂刻本、王氏元啓《讀韓記疑》、《或評》徽本，並姚樗寮先生本四焉。《或評》本初不知其人，及並勘王氏書，義多同，疑係王氏未定本也。王氏固有功於韓子書，其用力亦綦勤，其爲《讀韓記疑》當經幾易稿。此評本如出王氏，或爲其初起稿歟。朱子於《韓集》祇列其異義，鮮所更易，後人安能有所是正，顧擇善而從，古人所貴，當不宜於讀書一端而舍之也。蓋以所校爲韓書定本則不可，而以爲已讀韓私本，則亦無不可也。十月一日記。」

又跋曰：「按《四庫全書》自有原本《韓文考異》十卷，云『王伯大始取而散附句下，流布至今，不復知有朱子之原本，其間訛脱竄亂，頗失本來。此本出自李光地家，乃從朱子門人張洽所校舊本翻雕。』據此，知《考異》今世尚有另行本也。十月二日又記。」

又手記於書衣曰：「壬子正月三十日，夜夢嘔蟲無數，自疑病難起，因急索此書，欲屬人校定付刊也，而蒼黄間不可猝覯。蓋整理《韓集》是應陛素志，殊不自意魂夢中，雖顛沛猶不能忘乎此也。覺而自思此形質本非可久物，萬一未及卒事，而延促之期不以時至，則繼其事者自不能無望乎人，想茫茫世宙間，亦必自有同志也。二月朔日記。應陛。」

又記曰：「焦南浦先生所評皆好，當據録入。當用朱筆，須以「焦云」字别之。」

又記曰：「書内貼籤俱照『五百家』本，當用紫筆度入本書。」

又記曰：「何義門先生説亦當擇取録入。以「何云」字别之。」

朱文公校昌黎先生文集四十卷外集十卷附集傳遺文

宋槧本。晦庵朱先生考異，留耕王先生音釋。闕序，存凡例末一葉。每半葉十行，行二十四字，小注同，白口。卷首有馮柳東跋。藏章有「朱印彝尊」白文、「家在碧茸青泖之西茗〔霅〕兩溪之東□□七十二峯之南逋翁讀書臺之北」白文、「竹垞」朱文三方印，「醽舫」朱文長方印，「曾校秘文」白文、「茂泉清松」白文、「得庵曾讀」白文、「銘心絶品」朱文四方印，「□□」朱文鳥篆方印，「素衿不可易」白文、「雅言齋」白文二長方印，「西蠡經眼」白文方印，「箋經室所藏宋槧」朱文長方印，「東吴曹氏收藏金石書畫之印」白文方印。

馮氏手跋曰：「顧嗣立《昌黎詩集注》凡例云，寶慶三年王伯大留耕氏更定《韓文音釋》，集諸家之善本，參以方崧卿《舉正》〔一〕，增考《年譜》及朱子《考異》，刊於南劍官舍。是書一出而魏注遂廢。洪筠軒頤煊云，《音釋》前有朱文公《考異》敘、寶慶三年王伯大序、校集凡例，末有題識，稱今本所刊，係將南劍州官本爲據，並將《音釋》附正集。按二説皆與此本合，惟卷首二敘已缺，凡例亦缺首頁。南劍爲今福建將樂縣，余於甲申任此，後十年乃得是書，亦不可謂非緣也。宋建本皆出麻沙坊，不甚精，此獨工緻。《考異》有杭本、閩本、京本之分，此書有題『京本』者，或配合之耳，要皆南宋版也。同日又得宋朝苞《柳集》，皆金風亭藏書，我子孫其永保之毋忽，此清俸所得也。道光癸巳冬記，乙未元日書。柳東。」又識曰：「卷一後云『京本韓昌黎集』宋寶慶三年王留耕編，廿册，卷首少《考異》、王序，凡例少一頁。癸巳初冬得於四明。」下鈐「秀才官」朱文方印，首鈐「雲伯審定」朱文方印。

校注

〔一〕「舉」，鄒稿作「□」，今逕改。

昌黎先生文集四十卷遺文一卷外集十卷

明東雅堂刊本。每半葉九行，行十七字。每卷末有書牌云「東吴徐氏刻梓家塾」八字。皮紙初印本。

韓氏手跋曰：「咸豐庚申二月十六日，松江營兵由省中調去開舡，余於寶晉齋書坊内見此及《□□齋集》，共還價洋二元五角〔二〕，主人不售。已□□□□□續告警。時隔一月有餘，又閒行到彼，仍以原還價收之。此書價約得二洋，書係初印，紙張長闊，惜缺廿四卷第十葉，日後安得補此。閏三月十八日雨窗書。」

校注

〔一〕此本今藏臺灣「國家圖書館」，「價」，鄒稿脱，據原本補。

韓文舉正十卷外集附録〔一〕

韓渌卿屬工據汪氏藝芸書舍所藏影宋本抄，並手訂《考異》。

韓氏手跋曰：「咸豐丙辰，余應禮部試留都中，於琉璃廠典古齋見宋板《韓文舉正》，還價京錢二百四十吊，未復〔二〕，已爲有力者所得。其書爲大興朱氏所藏，收入《四庫》者，其原書宜爲朱氏世守，何以至此乃又流落人間，殊不可解。記亦有抄補一、二葉，其爲第幾卷、第幾號忘之矣。戊午夏，於蘇州胡心耘處見抄本《韓文舉正》，紙墨精好，中缺二葉，爲五卷十二、十三兩號。原爲汪氏士鐘家藏本，每册前後皆鈐有汪氏章，汪藏書目内亦有此。秋中與胡信屬招寫手影抄一部既竣〔三〕，又從借原本手校一過，見其點畫及一切缺筆避諱處悉照原本，方知胡之真能愛書，而其所雇書手亦可謂不負所託者也。記此俾人知此書之源流，兼以勸世之爲人抄書者。十一月二十六日記。應陛。按《四庫》字須擡頭，他日招得裝書人，當屬伊換去書面重寫也。是年十二月二十二日又記。」

校注

〔一〕此本今藏上海圖書館。卷端題「韓集舉正」，鄒稿作「韓文舉正」者，係據韓應陛所題。

〔二〕「未復」，鄒稿誤作「末後」，南圖《藏書志》稿本誤作「未成」，據原本改。

〔三〕「信」，鄒稿誤作「姓」，據原本改。

河東先生集十六卷

舊抄本。每半葉十三行，每行廿二、廿三、廿四字不等。似影宋本，極精。藏章有「張照之印」白文、「得天」朱文二方印。

張司業詩集三卷

明抄影宋本。陸敕先校補。每半葉十行，每行十八字。分上中下三卷。中卷末有朱筆記語一行，曰「同日印寫宋刻本補入並校一過」十三字，審爲敕先手蹟。下卷配以明刊本，行款皆同，卷末亦有藍筆校，並記語曰「宋刻校六月望日」七字。藏章有「陸貽典印」、「敕先」白文二方印，「宋本」朱文橢圓印，「士禮居藏」八分書朱文長方印，「黄印丕烈」、「復翁」白文二方印，「汪士鐘曾讀」朱文長方印。

陸氏手跋曰：「宋刻《張司業集》有二，一本八卷，一本上中下三卷，而要以八卷爲勝。《百家唐詩》中所刻一卷，僅三卷中之下卷耳，其爲可笑如此。余既別抄北宋本，復借遵王南宋本補此二卷。聞此外尚有《木鐸集》，惜無從一見之也。辛丑六月十一日，貽典識。」下鈐「覲玄」白文長方印，「陸貽典一名貽芬」白文、「敕先」朱文二小方印。

黄氏手跋曰：「此顧氏試飲堂藏書也，余於庚午冬曾借校一過。今書已散在坊間，余仍訪得之，與之劃抵舊時賬，坊友甚怏怏，即以校本貼補之。臨陸校本，因續得八卷本，舊抄者悉校之，此不復校八卷本者，各存其面目而已。而後乃今張集之舊本，洵稱雙璧矣。回憶庚午之借、壬午之得，歲星一周，光陰如箭，不知甲午之交又何如爾。八月六日，蕘圃。」下鈐「黄丕烈」白文小方印。

張司業詩集八卷

明抄本。每半葉十行，每行十九字。翰林學士中書舍人張洎編次，番陽湯中序。藏章有「李鑑之印」白文、「明古」白文、「李氏收藏」朱文三方印，「彭城」朱文長方印，「錢孫艾印」白文、「琴川書屋」朱文、「叔美過眼」朱文、「函硯齋印」朱文四方印，「人生行樂爾」白文長方印，「士禮居藏」白文、「千頃陂」朱文、「黄丕烈」白文三方印。

某氏跋曰：「此卷末數葉爲陳歧仲手書，時癸未之季秋也。今年春，歧仲没矣。期年之内，遂隔生死，臨紙不勝涕零。」

某氏又跋曰：「此吾友頤仲書題也，年少多情，當今無雙，世上何得常有如此人耶？」

黄氏手跋曰：「《張司業詩集》余所藏三卷本，係影宋本，續又借試飲堂顧氏藏陸勅先手校本臨校一過。頃書友以八卷者舊抄本示余，取對前本，知八卷爲勝，方信顧本陸勅先跋以爲八卷勝者，果不誣矣。三卷中詩此皆有之，而諸體中間有多於彼者，此所以爲勝也。其聯句、拾遺、附録，皆八卷所録爲獨，迥與三卷本不同矣。至於古色古香，人所共賞，余又無庸贅言。嘉慶癸酉春三月三日，復翁識。」

又跋曰：「道光壬午秋，試飲堂書散出，余從坊間轉收得小種幾册陸手校本，此《張司業詩集》在焉。遂以余臨陸校本貼補坊友。今後余所藏《張司業》竟成雙璧矣。外此又有正德時河中劉成德增次本，係分體編輯，統爲一卷，古色古香，居然舊刻，未始不可與此及陸校鼎足而三也。中秋前三日，暑退涼生，秋香滿院，展閲一過，覺塵俗一清。蕘夫記。」

韓氏手跋曰：「《張司業》八卷本爲最勝，席《百家唐書》本亦八卷〔一〕，即此，彼有馮、錢兩家跋可證也。癸酉三月十二記。」

又跋曰：「右二行爲黄蕘翁手書原包紙上語，《百家》本適無此書。頤仲見馮定遠《鈍吟雜録》，姓錢，馮呼爲小友。黄所謂馮，蓋小馮也。咸豐己未七月晦日録附書末並記如右。應陛。」

校注

〔一〕「書」，當爲「詩」之訛。此處指清席啓寓輯刻之《唐詩百名家全集》本。南圖《藏書志》稿本亦誤作「書」。

李元賓文集五卷

舊抄本。大順元年陸希聲序。每半葉八行，每行二十字。藏章有「安定季子」朱文、「楊灝之印」白文、「繼梁」朱文、「席氏玉照」朱文四方印，「席玉照讀書記」白文長方印，「黄印丕烈」、「蕘圃」、「平江黄氏圖書」朱文三方印。

楊氏手跋曰：「己巳冬得葉林宗本校一過，行間脱字增補十之三四，倘再遇善本補完此書，殆無遺憾矣。虞山楊灝志。」下鈐「繼梁印」朱文。

黄氏手跋曰：「余向藏《李元賓文集》，係金孝章先生手抄，此又其一也。丁丑秋，有人向余購唐宋元明文集百六十種，金抄本與焉。蓋余藏孝章手跋甚夥，故此集反輒贈之。而是册雖不知何人所抄，然經楊、席兩家藏弆，亦名書也，因著其原委如此。嘉慶丁丑中秋後四日晴窗記。復翁。」下鈐「老蕘」朱文小方印。

又跋曰：「道光紀元之三月，得見葉林宗本，即楊繼梁所據以校者。然葉本分陸所輯爲三卷，又趙昂所編二卷，與《敏求記》合，是此本之合爲五卷者非舊本，且校亦未盡照葉本也。書之不可信如此。蕘夫。」

孟東野詩集十卷

明初人景宋書棚本抄本。板匡闊邊，大黑口，每半葉十行，每行十八字、十九字不等。末有一行云「臨安府棚前北睦親坊南陳宅經籍鋪印」十六字。卷中有朱墨校字，不署名。藏章有「陳沂」朱文方印，「徐素私印」白文、「徐素」白文、「汝白氏」白文三方印，「士禮居藏」八分書朱文長方印。

張氏手跋曰：「汲古毛氏及席刻《百家唐詩·東野集》皆即此本，惟傳抄多誤，當以彼二本正之，而亦有足以正彼本之誤者。末署『臨安府棚前北睦親坊南陳宅經籍鋪印』。按南宋末陳思輯《江湖羣賢小集》，尾署『刊於臨安府棚北大街陳氏書籍鋪』，又陳起亦右睦親坊開書肆，未知孰是。咸豐庚申閏月借校一過附識。時立夏後三日。」下鈐「文虎私印」白文方印。

又跋曰：「此緑卿中翰藏本也。中翰得善本書必以見眎，借校不吝，且屬跋識。此集題識後兩月，郡垣遭寇，中翰所居煨燼，避難阮溪，得疾不起。此集留於我處，然鶴唳風聲，時虞波及，向嘗轉寄鄉間，幸逃刧外。今以歸語喆嗣，並係小詞，以誌今昔之感云：放豺狼、披猖南竄，腥氛污遍峰泖。故家喬木經年歲，一例灰飛電埽。君莫道。甚鄴架曹倉，珍秘傳鴻寶。扁舟草草。悵何處投林，流離眷屬，棲息羨窮鳥。　奔馳苦，況復炎歊正懊，身心都更潦倒。高寒天府應差樂，樂土人間已少。君去好。只疑義奇文，此後誰同討。詩囚寸稿。詠緑水絃摧，青山句在，刧外替君保〔一〕。『琴弦緑水絶，詩句青山存』即孟集中句。庚申冬仲，文虎續識。」下鈐「拙急」白文小長方印。

校注

〔一〕「君保」，鄒稿作「保君」，今據張文虎《覆瓿集·索笑詞甲·摸魚子哭韓緑卿舍人》改。又有其他文字異同，或經張氏修改，不出校。

孫可之集十卷

明王諤覆刻宋本。每半葉十二行，行二十一字。有正德丁丑震澤王鏊、白水王諤行書二序，次孫樵原序。朱筆校字，不署名。

盧玉川詩集不分卷

明韓晉之手抄本。唐盧仝著。

韓氏手詩題曰：「韓錫晉之《讀盧玉川詩有作》：唐士玉川子，嶔嵚歷落資。自摹孤憤性，刻作百篇詩。筆墨氣皆異，情文章獨奇。當年韓吏部，格外特相知。崇禎甲戌九月七日寫。」下鈐「韓錫私印」、「韓氏晉之」白文二方印。

笠澤叢書八卷

明抄本。有朱筆校字。

韓氏手跋曰：「蘇州書友持來戈順卿用宋蜀本校時本，略檢多同者。戊午十月，應陛。」

又跋曰：「《讀書敏求記》曰：『《叢書》爲陸魯望臥病松陵時雜著。元符庚辰樊開序而鏤諸板，政和改元毗陵朱衮又爲後序刊行，止分上下二卷，補遺一卷。今人所抄元時刻本，已釐爲甲乙丙丁四卷，詮次棼亂，兼少《憶白菊》、《閒吟》二絶句，非經讐勘，無復知此本之善矣。』按此册連補遺分八卷，更不止甲乙丙丁四卷矣。然比四卷本詮次多不同，而有《憶白菊》、《閒吟》二詩，比錢本詮次同不同，未知何如耳。咸豐九年六月十四日記，韓應陛。」

黄御史集八卷附録一卷

明崇禎十一年二十二世孫鳴喬、鳴俊刊本。前有原序，並萬曆丙午曹學佺序及裔孫崇翰序。凡例後列銜「崇禎十一年戊寅秋吉二十二世孫鳴喬、鳴俊，二十三世孫起棉、起有、起雒仝督梓」。附録末有一行云「天啓元年辛酉八月望日二十世孫崇翰謹誌」一行。係五硯樓舊物，有「廷檮之印」朱文、「袁氏又愷」朱文、「五硯樓氏收藏金石圖書印」朱文三方印。

韓氏手跋曰：「此崇禎年刊本，比萬曆年曹學佺序刊本多二卷末三首：《寄敷水盧校書》、《贈明州霍員外》、《遊囊山》。附録後亦多三條：《氏族大全》、《裔孫諸誌》、《年考》。偶檢異文，亦覺此本爲勝。十七日，應陛記。」

司空表聖文集十卷

舊抄本。即《一鳴集》。司空圖撰。藏章有「錢曾之印」白文、「季印振宜」朱文、「季振宜藏書」朱文、「御史振宜之印」白文四方印，「季滄葦圖書記」朱文長方印。

李羣玉詩集三卷後集四卷

舊抄影宋書棚本。前集冠以目録。凡上卷歌行古體詩五十二首，中卷今體七言詩四十首，下卷今體五言詩四十九首。末有《李羣玉詩集進詩表》及《勅旨薦狀》，後有「臨安府棚前睦親坊南陳宅書籍鋪刊行」一行，後集末亦刊有「臨安府棚北大街睦親坊南陳解元宅書籍鋪印」一行。每半葉十行，行十八字。

藏章有「臣鐘」朱白文、「伯㒏」朱文二方印，「曾在伯洪處」朱文、「荷香榭」白文二長方印。

碧雲集三卷

舊影宋書棚本抄本。首有結銜「朝議郎守尚書水部郎中武騎尉賜紫金魚袋孟賓於序」，目録及卷上標題次行結銜「登仕郎守新淦縣令知鎮事賜緋魚袋李中」。目録後亦有「臨安府棚北睦親坊南陳宅書籍鋪印」一行，行款字數悉同前書，惟板心下有刻工姓名。藏章有「臣鐘」朱白文、「伯㒏」朱文二方印，「曾在伯洪處」朱文、「荷香榭」白文二長方印。

賈長江詩集一卷

明抄據宋本。何義門以常熟馮氏勘本及張氏藏書棚本校。每半葉十二行，每行二十四字。士禮居用朱筆題書衣。藏章有「荷香榭」白文、「休寧朱之赤珍藏圖書」朱文兩長方印，「素齋」朱文、「錢曾之印」白文、「文式」朱文、「雲溪范藻」朱文四方印，「文式」朱文、「工□之裔」朱文兩長方印，「伯洪居鐘」朱白文、「義門小史」朱文、「臣鐘」朱白文、「伯□」朱文四方印，「曾在伯洪處」朱文、「善耕顧氏圖書」朱文二長方印，「太學何生」朱文、「黄印丕烈」白文、「復翁」白文三方印。

何氏手跋曰：「此册無古詩，又書者甚不工，然當日所據乃宋刻之善者。余有常熟馮氏勘本，甲申新秋，雨窗對校，改正其中譌字數處。馮本亦尚有訛謬，賴此得爲完書，後人勿易視之。焯記。」

又跋曰：「此抄缺處皆與宋本同，得張氏所藏書棚本再校，止改『登樓落』句一『比』字耳。焯又記。」

賈長江詩集十卷

明抄本，署款「安愚道人手抄」六字。每半葉十行，行十八字。前有蘇絳撰《賈公墓銘》並王遠跋，卷末附有《聖宋新修唐書浪仙傳》，後有王遠序。按此款識及宋諱缺筆，當據宋本抄出。卷中朱黄筆校字，審爲何義門、黄蕘翁以季氏舊藏宋本手校一過，跋語並記宋刻存數。藏章有「東吴毛氏圖書」朱文長方印，「豹孫氏」白文、「毛氏文熨」白文、「毛氏仲華」朱文、「玉室山人」朱文、「城西草堂」朱文五方印，「汪士鐘藏」白文長方印。

黄氏手跋曰：「嘉慶戊辰秋，錢唐何夢華攜雲臺中丞所藏宋刻《賈長江集》有抄補者，借校一過。其書爲泰興季振宜藏本，後歸延令張氏三鳳堂。毛氏所抄未必出此，故前之墓銘、後之傳，皆阮本所無而毛獨有。余又藏一舊抄本，何義門先生跋云：『後得張氏所藏書棚本再校，止改「登樓落」句一「比」字耳。』今與阮本對勘正同，是即當時何氏所云張氏藏本也。此黄筆注宋本者都與阮本合，間有脱校，以朱筆注於下方。阮本宋刻存數附載於後。」

「宋刻存數：目録第七葉，卷一第二葉至第七葉，卷二第一葉、二葉、四葉至第八葉，卷三第一葉至第九葉，卷四第一葉至第九葉，卷五第一葉至第九葉，卷六第一葉至第九葉，卷七第一葉至第九葉，卷八第一葉至第九葉，卷九第一葉至第四葉，卷十第三葉至第六葉上半葉，共七十五葉半。」

韓氏手跋曰：「咸豐八年秋，用何義門手校舊抄本校，起四卷二葉，終此卷五葉《酬文郁》一首。九年秋復展此，依舊不能動筆，自嘆精力之減，俗冗之增，殊爲悶悶。姑記歲時，並録舊抄本何跋二則於後。應陛。」

又跋曰：「此與柳簽手抄《沈雲卿集》筆跡無二，此亦當爲柳抄。何義門呼此爲毛豹孫抄本，蓋未審也。應陛。此書卷一標題下有『安愚道人手抄』六字，當係柳號。錢氏《敏求記》亦未及。咸豐戊午六月望日，以《全唐書》對過〔一〕，編次同此，惟末尚多二十四首，此卷三《天津橋》一首未收。」

校注

〔一〕「書」，當爲「詩」之訛。

王仲初詩集一卷

明初人抄本。每半葉十行，行十八字。有校，不署名。藏章有「陳汸」朱文、「徐素私印」白文、「□□」朱文三方印，「士禮居藏」八分書朱文長方印。

李頻詩集一卷

明抄影宋本。每半葉十行，行十八字，板匡闊邊，大黑口。藏章有「陳汸」朱文、「導□」朱文二方印。卷末有墨書「徐素私印之記」六字。

王建詩集十卷

明影宋抄本。無序目。每半葉十行，行二十字。汲古閣藏書。卷端有「玉室圖書」朱白文方印，卷六前有「毛仲革氏」白文、「城西草堂」朱文二方印。卷一末有朱書「王建詩集卷第一」七字，及四卷中

《晚蝶詩》題下有朱書「陳解元書棚本止此首」九字。又卷六末四首《上陽宫詩》題下有朱書「以下四首書棚本無」八字，皆審是蕘翁筆。惟卷中黄筆校字全非蕘翁，或爲義門先生也。

劉叉詩集三卷

明影宋抄本。每半葉十行，行十八字。前有《劉叉傳》。卷中朱筆校字，審是義門先生筆。藏章有「東吴毛氏圖書」朱文長方印、「聽玉山房」白文方印。

韓氏手跋曰：「咸豐八年五月於蘇州金順甫處另得唐人詩十四册，抄書、藏書印與此俱同，即校書者亦出一手。此書當入彼作爲一書。九月三日記，應陛。惟彼白紙，此竹紙耳。」

唐秦隱君詩集一卷

明影宋抄本。唐秦系撰，無序文、目録。

唐皇帝詩

明抄本。無序文、目録。分太宗一卷、徐賢妃一卷、高宗詩一首、武則天一卷、中宗詩一首、玄宗一卷、楊貴妃詩一首、上官昭容一卷、德宗一卷、文宗詩三首、宣宗詩二首、韓王元嘉詩一首、越王貞詩一首、章懷太子詩一首、外夷新羅王詩一首，每卷首各列史傳事蹟。此書爲汲古舊藏，係影宋抄本。每半葉九行，行十七字。卷中有朱筆校字，不署姓名。藏章有「毛仲革氏」白文、「玉室圖書」朱白文、「趙印宧光」白文、「凡夫」白文四方印，「玉雪坡亭」朱文、「汪士鐘藏」白文二長方印。

王周詩集一卷

明影宋抄本。

于武陵詩集一卷

明影宋抄本。

邵謁詩一卷

明影宋抄本。

司馬札先輩詩集一卷

明影宋抄本。有校字，審爲義門先生。末附《李洞詩》一卷。藏章有「玉瑞花仙」白文方印，「東吴毛氏圖書」朱文、「汪士鐘藏」白文二長方印。

儲嗣宗詩集一卷

明影宋抄本。

孟貫詩集一卷

明影宋抄本。

僧無可詩集二卷

明影宋抄本。

文化集一卷

明影宋抄本。唐許棠著。末附《摭言記》、《許棠傳》，又《中興館閣書目》一則。有「東吴毛氏圖書」朱文長方印。

李洞詩集三卷

明影宋抄本。無序目。後有晁公武子止題。何義門以朱筆校字，末有跋語。有「□指生」朱文長方印〔一〕。何氏朱墨手跋曰：「丙戌秋日，得泰興季氏所藏沈啓南先生舊藏宋本，補缺字二，正記訛數處。香案小吏何焯記。」

校注

〔一〕「□」，疑爲「枝」字。

丁卯集二卷〔一〕

明抄影宋書棚本。唐許渾撰。無序文，每卷前有目録。下卷目録後有「臨安府睦親坊南陳宅經籍鋪印」一行。每半葉十行，行十八字。朱筆校。藏章有「東吴毛氏圖書」朱文、「汪士鐘藏」白文二長方印，「毛印文焕」白文、「玉室山人」朱文、「玉瑞花仙」白文三方印〔二〕。

校注

〔一〕鄒稿目録、正文皆作「三卷」，今據南圖《藏書志》稿本同改。

〔二〕「三」，鄒稿誤作「四」，今逕改。

唐許郢州丁卯詩續集一卷續補一卷

明影宋抄本。有目無序。每半葉十行，行二十字。卷中有朱墨筆校字。藏章有「玉室圖書」朱白文方印。

鮑溶詩集六卷

明影宋抄本。前有列銜「臣翬序」，次目録。每半葉十行，行十八字。卷末有識語云「萬曆戊戌之秋讀於城西草堂寂鑒」十四字，下鈐「寂鑒居士」白文方印。藏章有「東吴毛氏圖書」朱文、「玉室内史」白文二長方印，「玉瑞花仙」白文方印。

浣花集十卷

明影宋抄本。唐韋莊著。行款與前書同，卷中有朱墨筆校字，朱筆係何義門先生，墨筆係黄蕘翁，用宋本校。藏章有「東吴毛氏圖書」朱文長方印、「玉瑞華仙」白文方印〔一〕、「士禮居藏」白文方印、「汪士鐘藏」白文長方印。

校注

〔一〕「華」，疑當作「花」。

蘇拯詩集一卷

明影宋抄本。有朱筆校字。藏章有「東吴毛氏圖書」朱文長方印、「玉瑞花仙」白文方印。

郎士元詩集一卷

明抄影宋書棚本。末有「臨安府棚北大街睦親坊南陳解元宅書籍鋪印行」一行。何義門朱筆校。藏章有「小毛公」白文、「玉室圖書」朱白文二方印。

于鵠詩集一卷

明影宋抄本。何義門手校。藏章有「小毛公」白文、「聽玉齋」白文二方印。

戎昱詩集一卷

明影宋抄本。前有目録。何義門手校。藏章有「毛仲子」朱文圓印〔一〕，「玉室圖書」朱白文、「玉瑞花仙」白文、「常熟譚爾進觀」朱文三方印。

校注

〔一〕「圓」，鄒稿誤作「圖」，今據南圖《藏書志》稿本改。

項斯詩集一卷

明影宋抄本。前有張洎序，無目録。何義門手校。藏章有「玉瑞花仙」白文、「青蓮就爰」朱文二方印，「汪士鐘藏」白文長方印。

唐司空文明詩集三卷

明影宋抄本。標題次行列銜「水部郎中司空曙」。卷末有「臨安府棚北睦親坊南陳宅經籍鋪印」一行。何義門手校。

周賀詩集一卷

明影宋抄本。有目無序。何義門手校。藏章有「城西草堂」朱文、「玉瑞花仙」白文二方印。

李君虞詩集二卷

明影宋抄本。唐李益撰。有目無序。何義門手校。目録後有何義門朱筆記語云：「此集以《唐御覽詩》校對一過，尚闕五言絶八首，五言律、七言律各一首。《百家唐集》内闕尤甚，未計其數。」

殷文珪詩集一卷

明影宋抄本。何校。

包秘監詩集一卷

明影宋抄本。唐包佶撰。何校。

沈雲卿詩集二卷

明影宋抄本。此書係柳簽手抄〔二〕，末附沈佺期《唐書列傳》，有「柳氏家藏」四字，下鈐「聽玉山房」白文方印。每半葉九行，行十八字。何義門手校。藏章有「東吳毛氏圖書」朱文、「汪士鐘藏」白文二長方印，「城西草堂」朱文方印。

韓氏手跋曰：「《讀書敏求記》：《沈雲卿集》二卷，『爲吴門柳氏藏書。柳君名簽，字大中，别號味茶居士。摹寫宋本唐人詩數十種，今皆歸述古書庫中』。按此書末《唐書列傳》一首下有『柳氏家藏』四字，豈即《敏求記》云云者耶？戊午夏得蘇州汪氏藝芸書舍據宋舊抄本十四册，筆跡及圖記、裝潢皆同此。應陛。九年八月二十二日。」

又記曰：「按此即十四册之一，惟書面紙彼皆用生紙，獨此用蠟紙耳，善妄可笑。吴尺鳧抄本『柳君名簽』，近刻作『柯君名簽』〔一〕。」

校注

〔一〕「簽」，疑为「僉」之訛。下文同。

姚少監詩集十卷

明影宋抄本。唐姚合撰。有「汪士鐘藏」白文長方印。

追昔遊詩集三卷

明影宋抄本。唐李紳撰。何義門手校。藏章有「毛氏豹孫」白文方印、「汪士鐘藏」白文長方印。

常建詩集二卷

明影宋抄本。有「楚頌齋」朱文長方印。

韓君平詩集五卷

明影宋抄本。唐韓翃撰。何義門手校。藏章有「玉室圖書」朱白文方印。

李丞相詩集二卷

明影宋抄本。唐李建勳撰。藏章有「毛印文尉」白文、「寂鑒居士」白文、「玉瑞花仙」白文、「仲章」白文、「聽玉齋」白文五方印。

曹鄴詩集二卷

明影宋抄本。何義門手校。有「仲章」白文、「聽玉齋」白文二方印。

李昌符詩集一卷

明影宋抄本。何義門手校。藏章有「毛仲子」朱文圓印、「玉瑞花仙」白文方印。

崔塗詩集一卷

明影宋抄本。何校。

唐英歌詩三卷

明影宋抄本。標題次行列銜「翰林學士承旨銀青光禄大夫行在尚書户部侍郎知制誥上柱國漢陽縣開國男食邑三百户吴融字子華」一行。何義門朱筆校。藏章有「耕野」白文方印,「結心寄青松」朱文、「汪士鐘藏」白文二長方印。

李羣玉詩集三卷後集五卷

明影宋抄本。首目録，次有進詩表及延英口宣勑旨，又大學士僕射令狐相國綯《薦處士李羣玉狀》，又敕旨。藏章有「東吴毛氏圖書」朱文長方印，「毛印文焕」朱文方印，「毛仲子」朱文圓印，「寂鑒居士」白文、「毛仲章氏」白文、「城西草堂」朱文三方印，「汪士鐘藏」白文長方印。

朱慶餘詩集一卷

明影宋抄本。何義門手校。藏章有「東吴毛氏圖書」朱文長方印，「城西草堂」朱文、「毛氏豹孫」白文、「毛印文熨」白文三方印。

張蠙詩集一卷

明影宋抄本。何義門手校。藏章有「小毛公」白文、「玉室圖書」朱白文、「玉瑞花仙」白文三方印，「毛仲子」朱文圓印。

唐姚鵠詩集一卷

明影宋抄本。何義門手校。藏章有「東吴毛氏圖書」朱文長方印、「玉瑞花仙」白文方印。

于鄴詩集一卷

明影宋抄本。何義門校。藏章有「毛印文蔚」白文、「豹孫氏」白文二方印。

于濆詩集一卷

明影宋抄本。何義門手校。藏章有「毛印文蔚」白文、「豹孫氏」白文二方印。

林寛詩集一卷

明影宋抄本。何校。

曹松詩集一卷

明影宋抄本。何校。

薛許昌詩集十卷

明影宋抄本。唐薛能撰。前有紹興改元山陰陸榮望跋。有「汪士鐘藏」白文長方印。

顧非熊詩集一卷

明影宋抄本。有「士禮居藏」八分書朱文長方印。

雲臺編二卷

明影宋抄本。存中、下兩卷。唐鄭守愚撰。卷末有「洪武己巳夏五月夏至日書畢」十二字。缺卷上，估人將「卷中」改爲「卷上」，以充全書者。蕘圃以葉石君藏本校。藏章有「陳汸」朱文、「導□」朱文、「徐素私印」白文、「周有倬印」白文四方印，「士禮居藏」八分書朱文長方印。

黄氏手跋曰：「鄭守愚《雲臺編》共三卷，此脱上卷，俗人妄改『卷中』爲『卷上』，以滅其痕，殊爲可惜，幸有葉石君藏本在，可參考也。蕘圃記。」

會昌進士詩集一卷

明影宋抄本。馬戴撰。藏章有「陳汸」朱文、「導□」朱文、「徐素私印」白文三方印，「士禮居藏」八分書朱文長方印。

鄭巢詩集二卷 連下六種合一册〔一〕

明影宋抄本。

校注

〔一〕小字注文「連下六種合一册」七字鄒稿原删去。

許琳詩集一卷

明影宋抄本。有「陳汸」朱文、「導□」朱文二方印。

劉叉詩集一卷

明影宋抄本。周孟覺序，周叔萬跋。有朱筆校字。藏章有「陳汸」朱文、「導□」朱文二方印。

楊凝詩集一卷

明影宋抄本。朱筆校字。有「陳汸」朱文、「導□」朱文二方印。

李昌符詩集一卷

明影宋抄本。有「陳汸」朱文、「導□」朱文二方印。

李丞相詩集二卷

明影宋抄本。唐李建勳撰。

包秘監詩集一卷

明影宋抄本。唐包佶撰。末有宋呂夏卿序。藏章有「陳汸」朱文、「導□」朱文、「徐素私印」白文、「周有倬印」白文四方印，「士禮居藏」八分書朱文長方印。

王周詩集一卷 連下四種合一册〔一〕

明影宋抄本。藏章有「陳汸」朱文、「導□」朱文、「徐素私印」白文、「周有倬印」白文四方印。

校注

〔一〕 小字注文「連下四種合一册」七字鄒稿原删去。

于鄴詩集一卷

明影宋抄本。有「陳汸」朱文、「導□」朱文二方印。

于濆詩集一卷

明影宋抄本。有「徐素私印」白文方印。

李中碧雲集詩選一卷

明影宋抄本。卷末有「吴城謝緡録」五字。藏章有「陳汸」朱文、「導□」朱文、「周有倬印」白文、「又倬」朱文四方印。

章碣詩集一卷

明影宋抄本。藏章有「徐素私印」白文方印、「士禮居藏」八分書朱文長方印。以上每書皆有朱筆校注字。

唐李嶠詩一卷 連下一種合一册〔一〕

明影宋抄本。藏章有「陳汸」朱文、「導□」朱文、「徐素私印」白文三方印。

校注

〔一〕小字注文「連下一種合一册」七字鄒稿原删去。

薛許昌詩集十卷

明抄藍格本。每半葉九行，行二十字。藏章有「白水清官舍」白文、「約菴居士」朱文二方印，「顧肇聲讀書記」朱文長方印。

劉滄章碣詩集各一卷

明人用公牘紙抄本。黑匡，黑口，每半葉十行，行十八字。藏章有「楊灝之印」白文、「繼梁」朱文、

「白衣居士」朱文三方印,「祖詒」朱白文圓方二小印,「小□山房文玩記」白文方印,「黄印丕烈」白文、「壽鳳之印」朱白文二方印。

范文正公全集殘本十二卷

宋乾道饒州刊本,嘉定重修。前有蘇軾序,結銜「元祐四年四月二十一日龍圖閣學士朝奉郎新知杭州軍州事蘇軾敘」。後有俞翊、綦煥二跋,結銜「乾道丁亥五月既望邵武俞翊謹識」、「淳熙丙午十二月日郡從事北海綦煥謹識」。所存一至五卷,《别集》四卷全,附年譜、《鄱陽遺事録》。每半葉十二行,行二十字,單邊,白口,板心下有刻工姓名。俞、綦二跋在《别集》四卷後。跋後空一行,又有「嘉定壬申仲夏重修」八字。尺牘三卷,每半葉十二行,行二十二字,亦單邊,白口,板心上有字數,下無刻工姓名。冠以目録。後有二跋,一爲淳熙三年元日廣漢郡張栻書,一爲新安朱熹書,皆與尺牘原文低二格,蓋此板亦在嘉定重修以後。藏章有「曾在春星堂」朱文長方印。

歐陽文忠公居士全集八十卷

明抄據宋本。缺首至十一卷。每半葉十四行,行二十四字。卷末有「杭州悟空巷張秀才宅板」二行。張青父手校本。每册末皆記本册葉數。卷三十八、三十九二卷爲《歸田録》,末有墨書記語二行云:「宋本《歸田録》二卷,每葉二十行,行十六字。書法遒麗,紙墨精好,遂揮汗校之。癸丑七月十三日記。」不署姓名,審其筆迹,頗似澗薲。藏章有「張丑之印」白文、「張鴻」白文、「于漸」朱文、「張鴻之印」

白文、「雲齋」朱文五方印，「張鴻」、「雲齋」朱文二小方印，「鴻印」白文、「雲齋」朱文二方印，「芙蓉別館」白文橢圓印，「一笑而已」朱文小圓印，「□晉」朱文長印。

張氏手跋曰：「萬曆戊午九月初六日校起，越二十七日爲十月三日始克訖事。丑誌。」下鈐「張丑之印」白文方印。

顧氏手跋曰：「廬陵《集古録》，集本與真蹟不同，單刻者載之詳矣。此是集本，而校者乃以真蹟本汩之，款題爲張丑青父，豈青父不曉此耶？抑其款贗耶？乾隆乙卯借此殘《居士集》末册於蕘圃，嘉慶丁巳歸之，書以爲質。顧廣圻。」

又跋曰：「第四卷舊失第十葉，所抄補亦用真蹟本，故必擠寫一行而後盡其字。今依宋槧《廬陵先生集》本重抄一葉補之，則不差絫黍矣。廣圻又記。」

韓氏手跋曰：「顧澗蘋跋以《集古録》集本與真蹟不同，謂此是集本，不宜以真蹟本汩之，因並疑青父，鄙意不爾也。文出兩人，雖彼此互引不盡同，若出自一人，傳本不同，則必當擇一善者從之，朱子作《韓文考異》有之。或恐公晚而自刊，夫手定本早與晚均出作者手，其異文且不謂宜兩存，況祇以傳本不同，非盡作者之舊乎？書此爲青父訟寃。戊午十二月十一日記。應陛。」

又跋曰：「按書末有『杭州悟空巷張秀才宅板』十字，兼以書中款式字文證之，當係影宋抄本。書末別紙有張青父誌語一行，紀年萬曆戊午。每册末記本册葉數，合所有九册記數共得八百九十九葉，末册又共記都一千零十四葉，除九册共數八百九十九，得一百一十五爲甲册葉數。記數字畫與張誌語筆迹同，亦當出張手，張校時蓋尚是全書。咸豐戊午冬至日，古婁韓應陛記於讀有用書齋。」

又跋曰：「此書三八、三九兩卷爲《歸田録》，末有記語二行，謂以宋本校，疑亦顧手書。紀年癸丑，顧書末跋紀年乙卯，相去蓋二年耳。兩卷内亦有原校墨筆字，校宋本亦墨筆，分别殊難。又記。」

又記曰：「原以天干分十册，原缺甲册，自起至十一卷。現重裝，每册分二，得一十八册，缺一、二兩册。咸豐八年六月得之滂喜園黄氏，十一月冬至前一日屬施春圃重裝。應陛記。」

臨川先生文集一百卷

宋紹興刊本〔一〕。每半葉十二行，行二十字，板心下有刻工姓名，單邊〔二〕，白口。卷中間有黑綫口而無刻工姓氏者，爲元時補板，並間有抄補葉。首序抄補，標題「紹興臨川文集敘」，之後列銜「十年五月戊子豫章黄次山季岑父敘」。次《臨川先生文集總目録》，分上下兩卷，每卷首復冠分目。每卷末空一行，題「臨川先生文集卷第幾」。宋諱皆缺筆，補板不缺，此書係宋刊元印。藏章有「九芝山館」白文長方印，「小貧林」白文、「望美人兮未來」朱文、「我欲四時携酒賞莫教一日不花開」朱文、「醉邀明月到江樓」白文四方印。

校注

〔一〕 此本今藏上海圖書館，《中國古籍善本書目》作宋紹興二十一年兩浙西路轉運司王珏刻元明遞修本。

〔二〕 原本宋版之葉爲左右雙邊。

東坡集殘本三十卷

宋槧宋印本。每半葉十行，行大十八字，小注雙行，行亦十八字，單邊，白口。存一至二十四卷、三十三卷、三十四卷、三十六卷至三十九卷，共得三十卷〔一〕。書口、書根間有焦痕。韓氏跋語疑爲絳雲燼餘之物。一卷後有墨筆書「至正廿三年二月廿三日借讀」十二字。每册首有「汪士鐘讀書」朱文方印。

韓氏手跋曰：「殘宋本三十册，向爲蘇州汪氏藏。咸豐九年己未席楚白持來，收之。内缺二十五至三十二八卷，又三十四一卷，共九卷。三十九卷下未知有缺否，當初無多也〔二〕。此書爲坊賈欲充作全書，標題、板口多經挖改，兹爲細檢逐册面注明，並將缺葉注出，庶不爲坊賈所誤。此册末有記語一行十二字云『至正廿三年二月廿三日借讀』，不署姓名，字雖未必佳，玩其筆意，必非出近人手。而書中汪氏一印外，絶不見他人收藏印，蓋此書前後殘缺，他人印因之失去，即記語一行，其姓名署於書前後而今並失去也，或亦有之也。此書原屬燼餘，此册末穿綫處紙焦黑，或亦絳雲中物，雖書之遭劫不必絳雲，而絳雲不幸亦有此老話，則亦可以疑得矣。七月四日，應陛記。」

校注

〔一〕 此本今藏中國國家圖書館，卷三配明抄本，卷三十四缺。韓應陛題跋亦云卷三十四缺。

〔二〕 「初」，疑當作「亦」。

王狀元集百家註分類東坡先生詩二十五卷

宋刊宋印本〔一〕。有趙夔、王十朋序，目録下有《東坡紀年録》一卷，標題下列銜「宋禮部尚書端明殿學士兼侍讀學士贈太師謚文忠蘇軾」一行〔二〕、「廬陵須溪劉辰翁批點」一行。每半葉十一行，行十九字，小註雙行，行二十五字，單邊，白口〔三〕。有篆字書牌曰「熊氏共刊起梓」〔四〕。藏章有「毛氏家藏圖書」白文、「虛谷草堂」白文、「密闇」白文、「葉名澧潤臣印」白文、「敦夙好齋」白文、「玉局生」白文六方印，「啓宗」朱文、「葉氏敦夙好齋（玫）〔收〕藏古刻善本」朱文二長方印〔五〕。

校注

〔一〕此本今藏中國國家圖書館，著録爲元建安熊氏刻本。

〔二〕原本「忠」後有「公」字。

〔三〕原本爲左右雙邊，細黑口。

〔四〕中國國家圖書館藏本牌記作「建安熊氏鼎新綉梓」。

〔五〕「夙」，鄒稿作「□」，今逕改。

王狀元集註東坡詩二卷

明刊本。每半葉十行，行二十字，小註同。有「樸學齋」朱文方印。

蘇子美集殘本六卷

康熙刻本。存七卷至十二卷。袁壽階校，復據何義門校本録入，並度何跋。書衣有金笔「疎雨樓藏」四字。藏章有「廷檮校讀」朱文方印、「平江袁氏五硯樓藏」朱文長方印。據韓氏云：「昔日得之士禮居尚屬全書，後遭庚申難中散佚耳。」

袁氏手度何氏跋曰：「戊寅九月初五日閲第九卷至末卷畢。子美之才高於歐公，得年不永，未見其止爾。家貧不能購宋元文集，此書非徐氏重刻，何由寫目，此事實默受商邱中丞之賜矣。焯識。周益公稱衢本《滄浪集》，蓋嘗刻於三衢，南渡後本也，計世當有之。顧脩遠云，子美有《答歐公書》，載《梁溪漫志》中，集不載。歐公詩集中有《扶溝知縣周職方録示白鶴宫蘇才翁子美贈黄道士詩》，集不載。《司馬温公傳家集》亦載有此詩。見《蠶尾集》載渠家有宋槧《滄浪集》，正衢本也。商邱與新城交最深，而不知假以是正，蓋近人讀書但備數而不求善本，雖倦圃、竹垞猶不免，況北方之學者乎！又記。」

樂全先生文集殘本十八卷

宋槧宋印本。宋張方平撰。每半葉十二行，行二十二字，單邊，白口，板心上有字數，下有刻工姓名。遇宋諱或缺筆，或於諱字下雙行小注「某宗御名」或「太上御名」、「今上御名」等。所存十七卷至三十四卷，《藝芸書舍書目》同，書爲汪氏蝶裝。藏章每册首皆有「文淵閣印」朱文方印、「古吴鹿城楊氏景陸軒珍藏圖書之印」白文長方印、「汪士鐘字春霆號朖園書畫印」白文長方印。

淮海先生文集四十卷淮海後集六卷淮海長短句三卷長短句補遺

舊抄本。宋秦觀少游撰。文集四十卷皆有朱筆校字，署款曰「虚止閣」、曰「西齋」、曰「有竹軒」，均不署名姓，不識爲誰氏手筆。十二卷至二十五卷及《長短句》三卷皆爲蕘翁用殘宋本墨筆校，凡有長篇抄補及粘條之字，皆係復翁屬其長孫美鏐抄録，見跋語中。藏章有「孫潛之印」白文、「黄印丕烈」、「蕘圃」朱文三方印〔一〕。

黄氏手跋曰：「余向借無錫秦氏所藏《淮海集》宋本手校一過，頗精審，惜爲人購去，其底本係明細字刻本，忘其爲何時刻矣。篋中但有宋刻後印《文集》一册，又宋刻宋印與《文集》同行款之《長短句》殘帙，皆非秦氏藏本之宋刻，想宋時必非一刻也。此外又有《淮海閒居集》十卷，向爲顧氏物而今歸蔣氏者，似與秦本同。此抄本出香巖書屋，因有孫潛印，故收之。《文集》四十卷、《後集》六卷、《詞集》三卷較爲全備，及收得，命長孫取舊藏殘宋對勘。並搜得《文集》四十卷，抄手更舊，亦出孫潛所藏，遂取對勘，始知余所藏者即孫潛據以抄録之本，而玆所云校者，亦即是本也。故校止於四十卷，《後集》及《詞》又别據抄録矣。明刻四十卷及《後集》亦有藏本，向已遺忘，暇當出之，以資對勘，因此益思宋刻不置矣。蕘夫。」

韓氏手跋曰：「書中朱筆據序後識語曰『虚止閣』、曰『西齋』、『有竹軒』，三十卷後跋曰『讀書堂西齋虚止道人元之』，不知究係何許人也，記以俟考。應陛。」

又記曰：「按序後朱筆稱『此文有序一篇，今不抄』，其筆意與書首序傳等同，疑道人即抄書人也。書中筆跡非一手，要爲道人屬人抄者耳。據末黄跋，此本出於孫潛藏抄本，何以此本亦有孫潛藏書印也？豈道人即孫斆，抑其後此書並歸孫斆？又記。」

又記曰：「此書之面紙原用黑紙，黄氏舊火朱秋田云，金雲莊〔二〕家書用黑紙裝面，歷驗果然。書中顧未有金氏印記，現已改裝，無從認得。特記此，俾後人知所由來也。應陛手記。」

「《淮海集》誤攜别抄本，屬令更正。及持來，見以黑紙裝書面，因詢伊此種裝訂頗多，係何家散出，稱出金雲莊家。此書亦黑紙裝，因誌於此。黄氏書友朱秋田。韓應陛記。按此本款式字體，似係明翻宋本。十一月十九日記。應陛。」

校注

〔一〕鄒稿修改時删去部分文字，兹録於此，以供參考：卷二十五後有復翁識語云：「自十二卷至二十五卷，偶得宋本殘帙，藏篋中久矣。前收此舊抄，出爲對勘，用墨筆識之，惜缺葉連篇，仍多漏略。蕘夫。」《長短句》下卷後又有識語云：「以舊藏殘宋本《淮海長短句》校，宋本皆有調無題，此抄又一本也，面目稍異，兹不悉改，但記異字。蕘夫。」本書一卷至十卷韓緑卿以南宋本《閒居集》校，目録有手記云：「咸豐九年七月二十四日用宋板《淮海閒居集》十卷校。書友匆匆持去，草略已甚。宋本每半板九行，行十五字，小字全，每卷首有元官印。應陛。」又手記云：「書友蔣姓原約二十五日清晨取去，乃復解之至二十六日酉時，得二日之力又重校一過，自問庶無遺憾矣。其書現在上海郁氏。廿六申刻。」

〔二〕「莊」，鄒稿作「藏」，據下文改。

石門文字禪詩抄一卷

舊抄本。宋僧德洪撰。錢東澗手點本。每半葉十行，行二十字。板口有「絳雲餘燼」四字〔一〕。卷首有「如來真子天門生」朱文圓印。

校注

〔一〕「餘燼」，南圖《書志》稿本同，疑當作「燼餘」。

青山集六卷

舊抄本。宋郭祥正撰。每半葉九行，每行十六字。蕘圃以三十卷本校。藏章有「宗𪲔」白文、「詠川」朱文二方印，「士禮居藏」八分書朱文印。

黄氏手跋曰：「余於數年前海鹽友人攜舊抄《郭青山集》求售，止六卷，因其與陳《録》三十卷之説不合，還之。後檢《居易録》，知郭祥正《青山集》閩謝氏寫本六卷，古詩二卷，近體詩四卷。余所見者當即此，惜已交臂失之矣。頃有湖估持《青山集》二本，一即前所見者，一三十卷本。卅卷本抄較後，有朱筆校，似曾見過六卷本者，疑六卷本異同處爲勝，遂留六卷本而舍其三十卷本。既而思三十卷陳《録》所云，必係古本，復從書友借校，知近體詩不過敘次倒置，三十卷間有多而無少，若古體則彼此互有多少，在五古内，而七言古及長短句、歌行雜體，六卷中所少紛如，始知卅卷本非盡無用也。擬將别録其少者附後。三十卷本舛訛不一，分體分卷，多所未協，不知即陳《録》所云之舊本否。嘉慶十一年丙寅春三月九日，蕘翁識。」

浮溪文粹十五卷附録一卷

宋汪藻著，明正德廬江刊。附録後正德紀元金汝礪識語，蓋即金刻也。每半葉十行，每行二十二字，白口。士禮居題書衣云「正德廬江舊刻浮溪文粹」。卷二之第一葉、第二葉皆抄補。藏章有「景陸軒」朱文方印，「天都陳子書崕閱本」、「陳氏藏書子孫永寶」朱文、「古吴鹿城楊氏景陸軒珍藏圖書之印」白文三長方印，「蔚圃」朱文、「器棟」白文、「光裕」朱文三方印，「草堂」白文、「汪士鐘藏」白文二長方印。

黄氏手跋曰：「嘉慶庚申秋，書友從金陵嚴長明家得書數種，歸即携示。内有抄本《浮溪文粹》，似影寫明刻本，余插架本無是書，且有吾郡惠定宇及蔣辛齋兩先生圖記，知爲舊藏吴中之物，擬蓄之，惜需直昂，書止二册，索白金二兩四錢，已還之矣。越一日，有書船友携此刻本來，一見即詫爲稀有，問其直，欲得白金八錢，因重取前本一勘，始知抄本出嘉靖己卯重刊本，而此猶正德廬江舊刻也。遂取兩本相勘，嘉靖本殘闕殊甚，此俱完善，珍寶之至，用白金六錢易得，手補抄本脱落，用著數語於此册尾，以見書之佳處必舊本爲多云爾。十月二日挑燈書此於太白樓下。黄丕烈。」下鈐「黄丕烈」白文方印。

韓氏手記於書面曰：「咸豐十年九月，有蘇州書友持來，價開一兩六錢，更有他書幾種，此亦祇作六錢耳。蕘圃跋係嘉慶五年，距今五十有八年矣。左一行亦黄筆。金汝礪跋頗好。後有刻者，似宜存之。

廿六日記。應陛。目缺末一葉。又記。」

韋齋集十二卷玉瀾集一卷

舊抄據元刻本。宋朱松撰。淳熙七年河陽傅自得序，至元三年廬陵劉性序。鈐有「澂之不清撓之不濁」朱文方印。

孫尚書大全集殘本三十三卷

宋槧宋印本。宋孫覿撰。每半葉十三行，行二十二字，單綫，白口。缺目録一至二十三卷若干葉，所存六卷、十卷、十五卷至十九卷、二十三卷至二十四卷、二十九卷至三十五卷、四十卷、四十二卷至四十九卷、五十卷至五十七卷。藏章有「光風霽月中人」朱文、「汪印士鐘」白文、「三十五峯園主人」朱文三方印，「清夢軒」朱文長方印，「宋本」朱文橢圓印。

黄氏手跋曰：「《孫尚書大全集》五十七卷，見於趙希弁《讀書志·附志》，而《鴻慶集》四十二卷，《書録解題》云然，則是集在宋時已有兩本矣。惟王文恪家藏抄本後經葉石君校補者爲七十卷，未知增益出於何時。去年得一舊抄本，即從王、葉兩家藏本録出，而闕其十九卷已前。爰訪諸香巖周丈，原本恰在其家，借示此宋刻殘本。余喜獲雙璧，並攜歸，一補抄、一影寫而歸之。竊思此種斷簡殘編，他人視爲不甚愛惜，余以爲倍加珍秘，不謂香巖先得我心，而與余有同好也。因於還書之日而誌數語於後。嘉慶甲子六月八日黄丕烈識。」

李學士新註孫尚書内簡尺牘十六卷

宋槧宋印本。每半葉十二行，行二十字，註雙行，行二十五字，單綫，白口〔一〕。無序文。冠以分類目，每半葉八行，共分四十八類。後有八分書書牌「蔡氏家塾校正」六字。次目録。卷首標題後列銜「左朝奉(部)〔郎〕充龍圖閣(侍)〔待〕制孫覿仲益撰」一行，「門人李祖堯編註」一行。上方有朱墨筆校字。各書目多作十卷，不見李註，獨士禮居所藏《百宋一廛賦注》云「《李學士新註孫尚書内簡尺牘》十六卷，每半葉十二行，行大廿字，小廿五字。無序文及刊刻年月，後有『蔡氏家塾校正』六字」云云，與此刻正同。此書係藝芸書舍舊藏，非由士禮居轉入者，當另一本也。藏章有「馬子淵氏」朱文、「玄默道人」朱文、「汪印士鐘」白文、「閬源真賞」朱文四方印。

校注

〔一〕此本今藏上海圖書館，當爲左右雙邊，細黑口。

羅鄂州小集六卷附録一卷

舊抄本。半葉十一行，行廿一字。士禮居題書衣云：「《羅鄂州小集》二册，舊刻五卷，附《羅郢州遺文》本校。」藏章有「補竹齋」、「校書亦已勤」朱文、「蕘圃」朱文三方印，「士禮居藏」八分書朱文長方印。

黄氏手跋曰：「此抄本《羅鄂州集》二册，余於癸丑夏從同郡貯書樓蔣氏得來，字跡雖不甚佳，似係

影抄者，因無他本對勘，藏之篋中久矣。今茲庚寅冬孟，有書友携舊刻求售
同，疑其爲抄本所從出，然爲卷止於五，而闕略獨多。偶檢《述古堂書目》有
五者乃舊本也。今本之附益者，固非本真爾。校訛字訖，爰書此數語於卷尾。

「蕘圃」朱文二方印。

晦菴先生五言詩抄不分卷

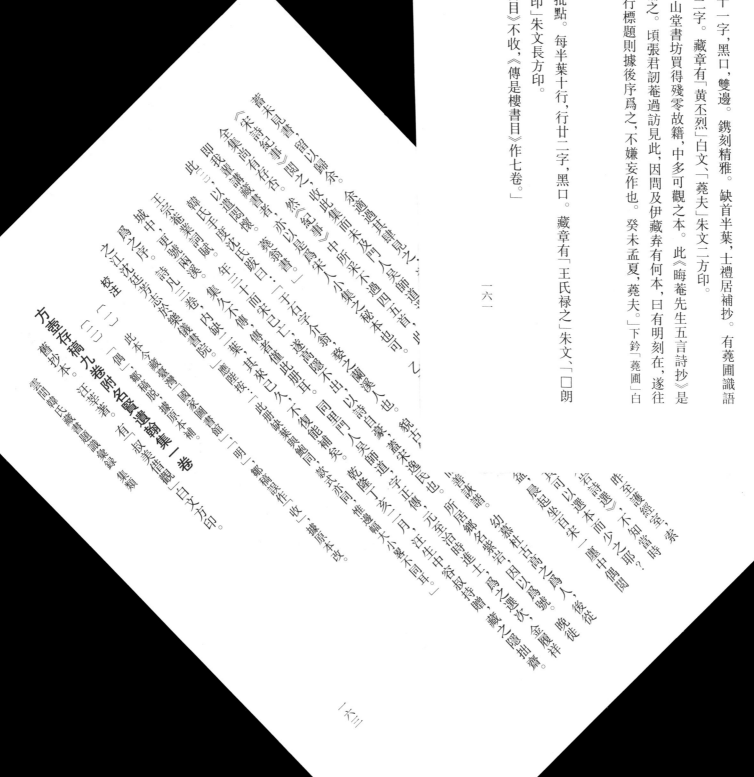

明刊本。每半葉九行，每行二十一字，黑口，雙邊。鎸刻精雅。缺首半葉，士禮居補抄。有蕘圃識語「癸未孟夏收，借張訒菴本補抄」十二字。藏章有「黄丕烈」白文、「蕘夫」朱文二方印。

黄氏手跋曰：「（衛）〔衙〕前西山堂書坊買得殘零故籍，中多可觀之本。此《晦菴先生五言詩抄》是舊刻，卻少首半葉，惜無同此刻者補之。頃張君訒菴過訪見此，因問及伊藏弆有何本，曰有明刻在，遂往借焉，果與此刻合，手爲補闕，其首行標題則據後序爲之，不嫌妄作也。癸未孟夏，蕘夫。」下鈐「蕘圃」白文、「蕘」白文、「夫」朱文方印。

陳止齋先生奧論八卷

明刊本。明陳傅良撰，方逢辰批點。每半葉十行，行廿二字，黑口。藏章有「王氏禄之」朱文、「□朗齋」朱文二方印，「上海徐渭仁收藏印」朱文長方印。

韓氏手記云：「按此書《四庫書目》不收，《傳是樓書目》作七卷。」

後村居士詩二十卷

明抄據宋刻本。每半葉九行,行十九字,黑匡,黑板口。一卷六葉至五卷十二葉皆無匡格。中有陸子垂抄補。四卷末有朱臥菴手記云:「甲子歲暮,借嘉興曹秋岳侍郎刻本,老目昏花,不能手録,閲月倩同里陳生抄之。今日驚蟄,雨窗無事,稍爲校正,因記其後。臥菴朱之赤記於留耕堂之西廡。」又記云:「此本原抄不全,乃錢罄室先生物,後歸陸子垂,子垂殁,始爲予有,幾四十年始成全璧。延津舍合,不獨豐城之劍也,快甚快甚！後三日再書,月潭老臥,時年六十有五。」又記云:「戊辰五月,雨窗無事,再閲一過,改五字,似尤未盡。臥菴之赤。」五卷後副葉有錢罄室朱筆記字,六卷前有陸子垂天啓甲子補遺詩一首,八卷前又有陸子垂崇禎甲戌補遺詩二首,十一卷末有朱之赤補遺詩一首,十二卷前又有錢功甫萬曆朱筆記字及陸嘉穎墨筆記字,十四卷前有陸氏補遺詩一首。藏章有「平原」朱文葫蘆印,「錢穀」朱文、「錢叔寶印」白文、「籍蘭仙館」白文、「清河内史後人家藏」白文、「篁山老泉」朱文、「龔明書齋記」朱文、「新德堂印」朱文、「朱印之赤臥菴老人」白文、「忠孝世家」白文、「臥菴所藏」朱文、「寒士精神」白文、「子垂」朱文十三方印,「嘉穎」白文、「朱臥菴收藏印」朱文二長方印。

李忠簡公文溪存藁四卷

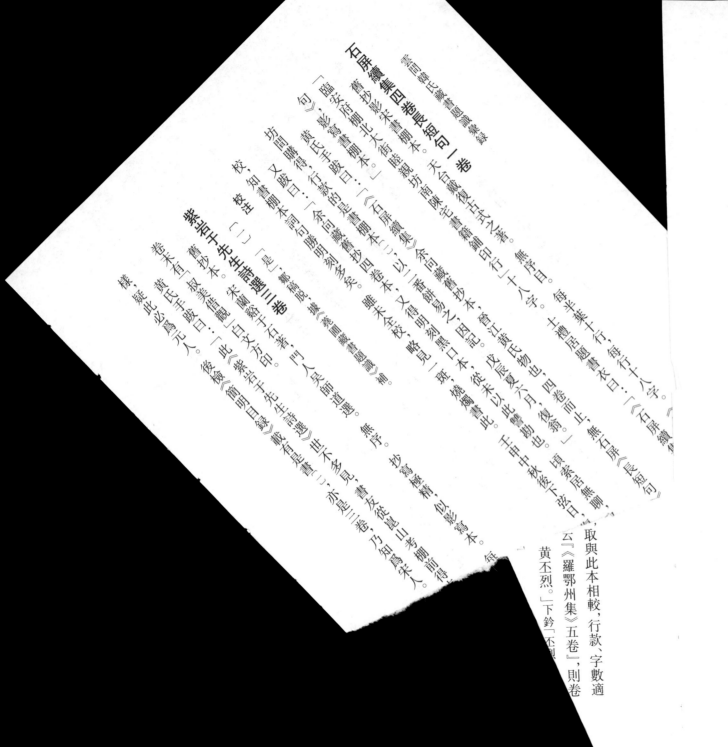

明抄本。成化庚寅九月同郡陳獻章公甫序,標題次行列門人李春叟編。每半葉九行,行廿一字。蔣石林、季滄葦舊藏,後歸沈劍舟。卷端有蔣氏手跋。藏章有「季印振宜」、「滄葦」朱文二方印,「季滄葦圖書記」朱文長方印。

蔣氏手跋曰：「余家藏《李文溪集》，本完好無所損缺，適爲嶺南陳子明借去，遺脱首帙，潦草抄以還余〔一〕。然中間漏去數葉，而目録十數葉亦竟化爲烏有。所謂借書有三癡，彼不癡，余乃癡矣〔二〕。其餘尚借秘本數部，剪剜偷竊，不可勝言。每值展卷，不無痛恨，食肉寢皮，未盡其罪，文溪有鬼，應爲予殛之。癸未八月廿七日，石林翹書。」〔三〕下鈐「石林」白文方印。

校注

〔一〕此本今藏上海圖書館，「余」，原本作「予」。

〔二〕「余」，原本作「予」。

〔三〕「翹書」兩字潦草，鄒稿失録，今據原本補入。按蔣石林名之翹。

梅屋詩藁附第三藁融春小綴第四藁梅屋雜著

舊抄本。每半葉九行，每行十九字。卷末有「叔美借觀」白文方印。士禮居藏書。蕘圃署書衣云：「梅屋詩藁第三藁融春小綴第四藁雜著壺山許棐忱父。」

柳塘外集二卷

舊抄本。宋釋道璨著。有「顧肇聲讀書記」朱文、「士禮居藏」八分書朱文二長方印。

雪磯叢稿五卷

明抄本。宋樂雷發撰。戈小蓮氏手校。藏章有「璜川吴氏收藏圖書」朱文、「半樹齋戈氏藏書印」朱文、「臣印戈載」白文、「順卿」朱文四方印，「戈小蓮秘笈印」朱文長方印。

戈氏手跋曰：「辛酉正月三日校讀一過。小蓮戈襄。」下鈐「小蓮」朱文方印。

又跋曰：「雪磯先生七律最長，故第一、第二卷中予選其大半，皆可讀者，俟暇當別録之。襄又記。」

又記曰：「辛酉九月六日復讀一過，自辰訖午，又校數字，尚不盡。襄又記。」下鈐「戈襄」朱文方印。

西麓繼周集一卷

舊抄本。陳允平撰。朱竹垞舊藏，題書衣有「己未三月借王聲宏本校」數字。

仁山金先生文集三卷

舊抄本。蘭谿金履祥仁山著。藏章有「曹溶私印」白文、「潔躬」朱文〔一〕、「鉏菜翁」朱文、「黄印錫蕃」白文、「嘉興李聘」朱文五方印。

校注

〔一〕「躬」，鄒稿作「□」，今逕改。按曹溶別字潔躬。

宋員士羅滄洲先生集五卷

舊抄本。戈小蓮手校。藏章有「璜川吴氏收藏圖書」朱文、「臣印戈載」白文、「順卿」朱文三方印，「戈小蓮秘笈印」朱文長方印。

戈氏手跋曰：「嘉慶六年歲次辛酉正月三日巳午二時校讀一過，錯字尚多，惜無善本一勘。真止道人戈襄記。」下鈐「小蓮」朱文方印。

雪林删餘一卷

舊抄影宋書棚本。宋張至龍撰。有朱筆校字，不署姓名。韓氏題書衣稱「杭州屠氏物」，當有所據耳〔一〕。

校注

〔一〕此本今藏上海圖書館。韓氏題記云：「咸豐乙卯秋日，湖州賣書邵姓持來，稱係杭州屠氏物。」則稱「杭州屠氏物」者係邵姓而非韓氏。

藍田吕氏遺詩二卷

明正德丹徒縣刊本。宋吕大鈞著。明楊一清前序，李東靳貴後序。書分《鄉約》、《鄉儀》二種。

網川月魚先生文集八卷

舊抄本。林希逸前序，劉克莊後序。藏章有「叔美借觀」白文方印、「士禮居藏」八分書朱文長方印。

斷腸全集二卷

舊抄本。宋朱淑真撰。田藝衡序。蕘翁假鮑氏藏潘訒叔本校並補篇。

黄氏手跋曰：「《斷腸集》舊本不之見，此二卷本，嘉興金轡庭寄余，將以付梓者。適晤鮑丈淥飲，云有十卷本，因從鮑假得取校，知多所異，然未敢據也。蓋此雖二卷，有田藝衡序，似出於明時本，而鮑本之分卷既多未妥，且詞中有校語云據毛刻增入，似出毛後矣，未敢信，聊記其異而已。潘本係選本，亦見過，併存其面目。復翁記。」

閑閑老人滏水文集二十卷

就堂和尚手抄本。金趙秉文撰。墨匡，綫口，每半葉十行，行二十字。何義門朱筆校跋，黄蕘圃復以朱卧菴所藏抄本再校，卷首有「癸亥秋八月用朱卧菴抄本校」十二字。藏章有「蕘圃手校」朱文方印，「讀未見書齋收藏」朱文、「長洲汪文琛鑑藏書畫印」白文、「汪士鐘曾讀」朱文三長方印。

何氏手跋曰：「予所有《滏水集》傳於朱竹垞前輩，復借汲古毛氏本對勘，二本無大異同，獨此本間有多一二句者。意此本乃閑閑公之舊，朱氏本則後人病其凡冗而頗加删削，間有失其本意處，不如」以下缺。

黄氏手跋曰：「余向藏《滏水集》爲碧鳳坊顧氏抄本，頗精。今夏自都門歸，五柳主人携此本示余。余取與顧本對勘，覺不如此本遠甚，遂以白金二兩易此，而顧本歸諸疏雨劉氏。此本末有朱字四行，識是義門筆，未知此書何來。秋八月初旬，香巖周君過訪談及：此書爲飲馬橋貯書樓藏書，始見時，物主因是何批本，故索重直，未之買。後聞其家書籍散失，已朅置之。春夏之交，有書友攜來，未及收而君已歸，聞以歸君矣。蓋此書實爲就堂上人所抄，君其寶之。因志其源流如此。中秋前一日，蕘翁丕烈。」下鈐「蕘翁」朱文方印。

又跋曰："癸亥秋七月二十一日過五柳居主人，以新從揚州估人易得書兩種出示，一爲義門先生手批陸文量《菽園雜記》，一即《閑閑老人滏水文集》也。末有朱之赤長跋，云是僧南濳所遺本，遂取以覆校此本。此本雖經義門校勘，然訛謬尚多，頗多是正，惜中闕七、八、九卷，無從對勘爲恨耳。金人文集傳者絶少，此集亦止係傳寫，彼此不能歧異，安得板行舊本一正魯魚耶。秋前十日校畢，連日病足疾，枯坐百宋一廛中，謝絶酬應，始得竣事。蕘翁記。"下鈐「蕘圃手校」朱文方印。

又跋曰："此集既收得兩本，後又見西沚王光禄家藏本，因照朱本行款補所缺失。王本遂轉歸同郡某，未及細校也。頃書友從玉峯趕考，獲有抄本《滏水集》，上鈐『張位之印』。彼初不知爲誰何，因携示余，余曰此張青芝先生手筆也，遂收之。適病腹疾腸秘，眠食不安，今日始能起坐書齋，擬爲校勘。且義門即係青芝之師，或當日傳本亦出義門所。蓋此書義門跋云傳於朱而校以毛者，固自有別本在也。爲誌其源流如此，復翁記。時嘉慶己巳秋九月二十有三日。"

韓氏手記於書衣曰："《滏水文集》，就堂和尚抄。應陛按：先於滂喜園得《清河書畫舫》，據題知係就堂和尚抄，筆意端楷，與此不同，不知誰真，抑時有前後，跋有不同歟？義門先生朱筆校，末有跋四行，失去尾，據黄跋知係何。蕘翁墨筆用朱之赤本校。"

山村遺藁一卷

舊抄本。元仇遠撰。每半葉八行，行二十一字。有朱校，不署名。藏章有「青松白玉」白文、「閑官養不才」白文、「黄絹幼婦」朱文、「清白吏子孫」朱文、「玩此芳草」白文、「消遥游」朱文、「坐華醉月」白文、「門好花看到半開時」朱文、「隨菴圖書」白文、「静觀樓印」白文、「隨菴道人」白文十一方印，「松齋」朱文、「文殊師利弟子」朱文、「善耕顧槤」朱文、「不薄今人愛古人」朱文、「紉秋蘭以爲佩」白文、「濃陰醉海棠」白文六長方印，「燕□永宝」橢圓印。

許白雲先生文集四卷補遺一卷附録一卷

舊抄本。正統乙卯金臺後學李伸序，次附《元史》載白雲先生行實，末有成化乙酉張瑄、正德十三年陳綱、胡璉三序。第三卷韓緑卿審係宋賓王手抄。藏章有「半樹齋戈氏藏書之印」朱文方印，「戈小蓮秘笈印」朱文長方印，「戈襄」朱文、「臣印戈載」白文、「順卿」朱文三小方印。

韓氏手跋曰：「《許白雲集》余向有一部。咸豐戊午五月，在蘇州玄妙觀西書坊見此，知從戈順卿家散出，中有朱筆校改字，蓋出戈手，價極廉，收之。第三卷當係宋賓王書。六月六日揮汗記於舟中，應陛。」

静春堂詩集四卷

舊抄本。元吴郡袁易著。延祐庚申高郵龔璛序。

韓氏手跋曰：「《四庫》收此，《簡明目録》稱《静春堂集》四卷，前有龔璛序，後有厲鶚跋。此書但有龔序缺厲跋，他日得别本當録入。丙辰冬日，應陛。」

胡雲峰先生集四卷

明抄本。元胡炳文撰。洪武三年孫濬序〔一〕，末附《元史本傳》，又洪武四年何歆後序〔二〕。有「青棠書屋」朱文方印。按《四庫》收十卷，此衹四卷，或另一本。

校注

〔一〕「武」，鄒稿誤作「成」，今逕改。

〔二〕同上。

所安遺集一卷

舊抄本。元陳泰撰。有「晉江黄氏父子藏書」朱文、「賦孫」朱文二方印。

秋聲集四卷

順治甲午刊本。元黄鎮成撰。自序前有順治甲午何棅序。卷中缺葉薄啓源手抄補足，三卷後薄從東澗本抄補十首，四卷末薄從元刻本抄補校。

薄氏手跋曰：「右十首，從東澗老人藏本補録於玉峰徐氏之小有園。辛未仲冬望後一日，啓源記。」又跋曰：「戊辰仲夏，從王孝廉紹唐借得黄元鎮《秋聲集》四卷，命抄胥易出，隨以元刻本校對，藏之守逸堂中。庚午三月，鮑待詔景熙邀予至金陵，寓承恩寺，寺傍書麆星布，茶前飯後，(於)[與]景熙縱觀。竊意金陵爲文獻之藪，名流收藏必多秘册，無如盡數搜奇，卒無良書，止得時刻此集，知舛謬自復不少，深用致慨。歸棹後以元本校之，盡卷不差一字，乃服周亮功輩潛心汲古，所刻必親自校讐，卒爲善本。後之讀是書者，勿輕視也。是年端午前一日，長洲後學薄啓源記。」

又跋曰：「黄處士鎮成，字元鎮，昭武人。篤志力學，不嗜榮利，築南田耕舍，隱居著書。至順間嘗歷覽楚漢名山，周遊燕趙齊魯之墟，浮海而返。登補陀，觀日出如丹，慷慨賦詩，翛然有蟬脱塵躅之志，部使者屢薦之不就。其後政府奏授江西儒學副提舉，命下而已卒，年七十有五，集賢院定號曰『貞文處士』。所著《秋聲集》，新安鄭潛序之，謂『如太音希聲，天籟自鳴』，抑亦有所激而鳴其不平者耶？今觀《南田耕舍》及《西城紀事》諸詩，亦可知其寄託之有在矣。」

杏庭摘藁一卷

明抄本。元洪焱祖撰。至正九年危素序，十五年宋濂序。卷中分五言古詩十七首，七言古詩十一首，五言律詩附長律三十三首，絶句十五首。後有趙清常跋語，審其筆意，疑是手抄。

趙氏手跋曰：「《杏庭摘藁》一卷，元洪焱祖所作。焱祖字潛夫，仕元爲徽州路休寧縣尹，新安人也。所著有《續新安志》十卷、《爾雅翼音注》三十二卷，集若干卷。此其摘藁也，危素、宋濂爲之序。書賈馬蔭泉持來，録之元板，甚精妙。其書原藏於義門鄭氏，書籤上有鄭義門字，後圖書云『清俸置來原味道，子孫讀之知聖教，鬻及借人爲不孝』云。時萬曆四十七年己未十一月念四日二鼓校。是夜大風寒，前念一日巳刻，日上有背氣、抱氣、格氣，左右有珥，左珥生白氣一道，長五六丈，自東北指；右珥白氣長二三尺，蓋白虹也。偶記一時之異。清常道人趙琦美書於冏藏公署。」

青陽集六卷

明刊本。元余闕撰。金華宋濂序。標題目録後有「門人淮西郭奎子章輯」一行。每半葉十行，行十九字，白口。藏章有「牧翁□□」朱文、「錢印謙益」白文二方印。

張氏手跋曰：「余忠宣公《青陽集》，先大父秉鐸青陽曾爲校刊，以未得善本訂正爲憾。頃於緑卿舍人案頭獲觀是本，雖訛字亦不少，然取以校正家刻者已及數十字，舊板書洵可貴也。戊午夏日，夬齋學人張爾耆識。」

龜巢摘藁三卷

舊抄本。余詮、盧熊二序皆行書。每半葉十行，每行二十字。是爲影抄。藏章有「顧肇聲讀書記」朱文、「養拙齋」朱文二長方印，「平江黄氏圖書」朱文方印。

黄氏手跋曰：「《謝龜巢集》世皆流傳抄本，惟《龜巢摘藁》聞有舊刻本。近年蕭山人欲購古籍，於胥門某坊插架中無意得一舊刻本去，心殊怏怏。頃香巖書屋有影寫洪武本，想必即從舊刻出也，購之以聊慰宿願。辛巳三月六日，蕘夫記。」

雲松巢詩集一卷

舊抄本。元朱希晦著。每半葉十行，行十八字。卷首有墨書「元人樂清朱希晦集二卷，詩格亦卑」

十四字，不知何人手筆。藏章有「語古」白文盤龍方印、「髯」朱文二方印。

黄氏手跋曰：「庚申四月之望，晨未起，閽人報有客至，急披衣盥漱而出迎之，則秋塘張君在座也。張固善識書畫者，兼及古籍。問所自來，以爲有書一本特持示君。探懷而出之，蓋一舊裝潢者，視其款識，似爲也是翁家書。開卷讀之，爲《雲松巢詩集》，元贈朝列大夫瑶川朱希晦著者，前有鮑序，後有嘉靖時七世孫諫序，詩集自五言、六言、七言絶句以及五言、七言律，五言、七言古體，終以五言長律，似完善者，其爲足本無疑。張君曰：『子亦識卷首墨書一行及卷中圖書二方爲誰人跡乎？』余曰：『墨書似遵王而未之敢信，若圖書之「語古」二字、「髯」一字，皆爲義門之章，則余所藏夥矣。』張曰：『墨書則雖出於錢而非遵王，其體是蘇書，子熟視之當自識爾。』余曰：『然。』張曰：『書既元人集而爲舊抄，兼得前輩名流幾番藏弆，不可爲讀未見書齋中添一位置耶？』余亦以爲可珍，遂出白金二兩易之。因思是書卷數載諸《讀書敏求記》者爲確，而所見不分卷又非残零，何與錢本不合？且《四庫全書總目》以爲三卷，正統中玄孫元諫刊板，章陬爲之序，《浙江採集遺書總録》以爲十卷寫本，有天台鮑宏原、章陬撰序。所聞異詞，吾不知其原本究竟何如也，俟與諸藏書家博訪之。蕘圃主人黄丕烈識。」

韓氏手跋曰：「書末有黄蕘圃跋，中論卷首墨書，反復至四行有餘，而卒不明言其人，其所以不言之故，實不可解。然雖不明言，而所不明言之人，要亦可想而知矣。唯黄主客彼此不言，則亦竟不必言矣。立秋日，應陛。」

又跋曰：「《敏求記》云：『牧翁暮年，筆力老蒼，字法俱橅東坡。』九年六月十四日記，應陛。」

鐵崖先生古樂府九卷

舊抄本。元楊維楨撰。至正六年方外張雨及門生吴復序，門人吴復編並註。藏章有「沈某之印」白文、「北郭翁生」白文、「石瓠」朱文、「方外酒徒」白文、「賞雨茅屋」朱文、「良佐」朱文六方印。

靜安八詠詩集一卷

元刊本。吴興錢鼒德鉉述。每半葉十行，行二十字，雙邊，黑綫口。標題「靜安八詠事蹟，吴淞釋壽寧無爲裒輯，江陰王逢原吉校正，會稽楊維楨廉夫批評」，末有行書《祥雲洞志》及錢鼒行書後序。

和陶詩集四卷

明正德黑口本。沈文華序，「正德癸酉八月上澣愚姪璧拜手謹識」後序。此書《四庫》未收，爲明宗室坦率道人著。

劉誠意覆瓿集二十四卷

明初刊本。宣德五年羅汝敬序。無目録，標題下列「括蒼劉基」四字。每半葉十二行，行二十四字，黑口。藏章有「春水居」朱文橢圓印，「徐釚之印」朱文、「太史氏章」白文二大方印，「徐釚之印」白文、「史官」朱文、「菊中人」朱文三方印，「讀未見書齋收藏」朱文長方印，「江夏無雙」朱白文聯珠印，「袁氏又愷」朱文、「五硯樓袁氏收藏金石圖書印」朱文二方印，「汪士鐘藏」白文長方印。

徐氏手跋曰：「《劉誠意覆瓿集》係明初板，近日流傳頗少，宜珍惜之。康熙壬申三月重裝於松風書屋。」下鈐「徐釚」白文、「菊莊」朱文二方印。

黄氏手跋曰：「家俞邰《明史藝文志·别集》載劉基《覆瓿集》二十四卷，《拾遺》二卷，前元時作，外間實罕見也。此《覆瓿集》二十四卷，與《志》合，《拾遺》無聞焉。己巳仲冬廿有四日，坊間得五硯樓書，余轉向取歸，猶是珍惜之意云爾。康熙時徐太史以爲『近日流傳頗少』，矧經百餘年來耶？雖明初刻，當與宋潛溪《文粹》等並重矣。嘉慶十有四年十一月，復翁黄丕烈識。」下鈐「復翁」白文方印。

槎軒集十卷

舊抄本。明高啓季迪撰。自首卷目録一葉、卷一第一葉至第五葉、卷十之末十一葉，皆士禮居抄補。

黄氏手跋曰：「青邱《槎軒集》世行本甚少，余於數年前得諸東城顧氏，係舊抄，惜首尾略缺，以素紙闕疑，久而無可借補。今春閉門養靜，有書友攜一本來，抄雖不及向藏之舊，而首尾缺者多在，因遂手補之，字跡潦草，一種自然之趣，卻還可合。抄畢之日，爲中春十日，大雪盈庭，春寒逼硯，閒居清味，亦自可人。復翁記。」

又跋曰：「戊辰二月，從三益堂書坊攜來本補首尾共十七葉，目録後及十卷後附録不及寫矣。」

竹齋詩集

舊抄本。明王冕元章著。不分卷。有「叔美借觀」白文方印。

黄氏手跋曰：「中秋朔後五日，偶過經義齋書坊，見有抄本《竹齋詩集》一册，殘缺不全，雜亂諸書堆中。主人初不以是示余，余一見而異之，異其爲王元章之集也。王元章係元人，善畫梅，素聞其姓名，實不知其有詩集，今始知之；且余蓄元人集頗富，從未見此集，因急收之。歸命内姪丁竹浯手爲補綴，加以裝池。本書尚全，惟首尾有缺，當續求别本足之。元章人本狂生，故詩句多豪放不羈，言之甚暢，非拘拘於繩墨間。想畫梅亦復如是，惜未能一見其真跡也。壬申八月八日定更時，復翁記。」

全室外集九卷續一卷

明刊本。明天台僧宗泐撰。徐一夔及永樂元年翰林院侍讀學士王達二序。

守黑齋遺藁十一卷

明葉砥刊本。上虞夏時時中著。正統五年王鈺序，永樂丁酉葉砥序，正統五年庚申正月張居傑後序。每半葉十三行，每行二十二字，黑綫口。有「汪士鐘藏」白文長方印。

黄氏手跋曰：「明初人集偶見即録，故所收不下數十種，凡有名於當時者勿論已，即有梓本不甚流布，因見是本，遂證諸向來諸藏書家目録，其名氏爵里纖悉相合，俾恍然於某某之集，標題如是，卷第如是，而吾所以知珍重之者，皆古人有以詔我也。獨此守黑先生文集，爲上虞夏時時中著，自見之始知之，求向來諸藏書家目録爲之左證，無有也。雖繁稱博引如家俞邰《明史藝文志》，按朝代求之，蔑然無有焉，亦奇矣，亦秘矣！則是書之得見，豈不可喜耶。顧余獨有感者。守黑爲洪武時人，非有明輓近可比，集本頗多，或加采擇，遂至湮没不傳，乃裒然成帙，皆係古文，非一二風雲月露之作，亦隨頽波逝水以俱亡，何不幸耶。余就卷中得其身世大概，知守黑懷才未遇，抱道自高，中年失明，留心著述，無顯爵高位於當世，故雖有專集，不登國史，向使無此板本，幾幾乎與草木同腐矣。幸有集梓以傳後，使後人見而知之，勝於聞而知之，猶可幸耶。因誌數語，以見書之幸而僅存者若此。若此類者，又不憑向來諸藏書家目録而得之目見者也，何幸如之！嘉慶己巳秋九月二十有六日雨窗記。復翁。」

瓊臺吟藁十卷

明弘治刊本。明丘濬撰。李東陽序。標題次行列銜「禮部尚書前翰林院學士國子祭酒丘濬」，末有「弘治三年春三月望日男敦編次」一行、「學生傳佐録刊」一行，弘治三年新安陳敏政後序，弘治五年魏瀚後跋。藏章有「金元功藏書記」朱文長方印，「臣卓信印」白文、「項儒」朱文、「吴印卓信」白文、「立峯」朱文四方印。

篁墩程先生文粹二十五卷

明刊本。正德元年丙寅林瀚序，次刻像及篁墩傳。板心載刻工姓名。

陸包山先生遺藁一卷

舊藁本。多損益處。首尾有後人見其書畫真蹟題句據而補入者。藏章有「陸印史直」白文，「元衮」朱文，「黄印丕烈」、「蕘圃」朱文，「姚公綬印」白文，「劉氏廷美」朱文六方印。又鳥篆方印，文字不辨。

詩準三卷

舊抄本。明陸深撰。嘉靖十五年自序，後有彭汝實、毛鳳韶二敘。末影「嘉靖丙申冬十月望日嘉定州刻」十三字。藏章有「璜川吴氏收藏圖書」朱文、「半樹齋戈氏藏書印」朱文二方印，「戈小蓮秘笈印」朱文長方印。末有戈氏手識曰：「乙卯七月初五閲一過。小蓮戈襄。」下鈐「小蓮」朱文橢圓印。

六朝聲偶集七卷

舊抄本。每卷末有「長水書院刻」五字，當係影寫本。吴人徐獻忠選。標題「六朝聲偶集」，賜進士出身階中順大夫知寧波府事前刑部郎中雲間鳳峰沈愷撰。徐獻忠後序。士禮居題書衣云：「《六朝聲偶集》，存四卷，無總目，有子目，吴人徐獻忠選。癸未秋收重裝。」下鈐「士禮居藏」白文方印。其一卷至四卷均係舊抄，五卷至七卷抄補。每半葉十行，每行十六字。藏章有「友竹軒」朱文橢圓印、「雪苑宋氏蘭揮藏書記」朱文長方印、「士禮居藏」白文方印。

黄氏手跋曰：「徐獻忠《六朝聲偶集》，凡書目皆載七卷，今所收者止四卷，有序無總目，或因無五、六、七卷，遂去總目〔一〕。幸有子目存，可考存卷詩之全否。書名『六朝聲偶』，此止齊、梁，其爲不全可知。兒輩好古學，頗究心，因留此爲流覽之助〔二〕，若余則止知矢口成吟，不知若何爲六朝，若何爲聲偶，茫如也但云詩而已，但云有韻之言而已，詩云乎哉。道光癸未中秋後三日，秋清逸士記。」下鈐「黄印丕烈」白文方印。

又跋曰：「余每得一書，遇書友來〔三〕，必告以余近所得某書，其書之何本何刻，亦必曲爲解釋，以冀其見聞之廣。蓋業書者未必知書，且遇罕見之本亦往往不識，故示以所得之書，知其中之委曲也。秋間有賈人以舊抄《六朝聲偶集》來，惜逸其後三卷，因罕覯收之。兹届仲冬七日，敬業堂閔聯奎持其後三卷來，適可補向所闕，因嘆事苟留心蒐訪，雖不易得者〔四〕，未始不可屢見也。且是刻本尤勝於抄，姑俟之，或續有刻本之全並原失之四卷，豈不更快哉！　蕘夫記。」

韓氏手跋曰：「此書前四卷舊抄，後三卷爲士禮居補抄，各一册，後册未蓋黄印記，余於咸豐戊午夏得之黄氏。庚申春，又於黄氏得明刻一部，前四卷綿紙，後三卷竹紙，亦係湊全本，末皆有『長水書院刻』五字，行款缺字皆與此同，知彼刻爲此抄所自出。彼後三卷合一册，起有蕘夫記語，稱殘帙五、六、七卷合諸前所收一、二、三、四卷，適符全書七卷，顧不言前收之爲抄爲刻，豈即指此舊抄前四卷，迨後又得前四卷刻本，乃合後三卷刻本爲一部，而另抄補全此本歟？　應陛。」

又跋曰：「刻本蓋出徐氏長水書院〔五〕，蓋徐所據本也。徐未知即相國家否？審字文當係嘉靖以後刊本也。吾鄉當前明中晚藏書家頗多，刊刻諒亦不少，而今寂漠乃爾，可發一歎。又記。」

又跋曰：「長水書院刻本板短狹，知此抄用另格寫，非影抄也〔六〕。每板左旁有小耳，齊上端，刊『華亭徐氏文房』六字，可爲吾鄉藝文一考證，可補入《華亭縣志》，未知府志已見否，衰嬾不能即檢也，此失抄疏矣。庚申二月二十六日應陛記。」〔七〕

校注

〔一〕此本今藏臺灣「國家圖書館」，「七」，鄒稿脱，據原本補。

〔二〕「流」，鄒稿誤作「拔」，據原本改。

〔三〕「來」，鄒稿脱，據原本補。

〔四〕「者」，鄒稿脱，據原本補。

〔五〕「蓋」，鄒稿脱，據原本補。

〔六〕「抄」，鄒稿誤作「本」，據原本改。

〔七〕「應陛」前原本有「又記」兩字，鄒稿刪去。

六朝聲偶集七卷

明長水書院刊本。每半葉十行，每行十六字。前書即據此本録出。

黄氏手跋曰：「物無重輕，以全爲上；事無巨細，以合爲奇。此徐獻忠《六朝聲偶》，不過總集中一種耳，因不習見，殘帙亦收之。偶舉示書友之常所往來者，冀其或有配頭也。仲冬七日，果獲殘帙五、六、七卷，合諸前所收一、二、三、四卷，適符全書七卷，是可謂巧遇矣。喜而識其緣起於卷端。蕘夫。」

逋客集四卷

明韓晉之手抄本。明袁袠撰，萬曆辛卯姜士昌序。藏章有「東吴沈藻字湘盛號味餘居士鑑藏之印」

白文方印。

韓氏手詩題曰:「韓錫晉之《讀袁舍人詩有作》:『先輩言詩者,吾欽袁舍人。體裁歸兩漢,師法本先秦。意盡詩尤苦,吟餘調轉新。遂同鄭吏部,分席唱南閩。』崇禎甲戌正月二十又一日寫。」

蟣蟓集五卷

萬曆甲戌張佳胤刊本。明盧柟撰。

黄氏手跋曰:「玉峰考棚上書賈雲集,有坊友攜小讀書堆遺書往售,内有《蟣蟓集》二册,甚古雅,索直二金無可減,因置之。而長孫秉剛適於鄰坊見有此集,未之識。歸述所見,命攜來,板刻正同,惟此竹紙與彼棉紙異耳,直不啻十分之一,遂購得,厠諸明人集部中,居然與前明朝人集之舊刻者可伯仲也。集五卷,見家俞邰《補明史藝文志》。中有欠葉,小讀書堆本有之,當向借抄補全。復翁庚辰三月記。」下鈐「黄印丕烈」白文、「紹舟」朱文二方印。

又跋曰:「《四庫提要》亦作五卷,與本書合,不知《簡明目録》何故有六卷之説? 恐後人誤認别有六卷之本,致滋疑惑,特再標明之。穀雨後二日又記。計欠卷三第六十三葉、卷五第十四葉。」

菊磵小集一卷續編一卷附四明高似孫撰疎寮小集一卷

舊抄本。滄州高九萬撰。有朱筆校字,不署名。

林子真詩

明韓晉之手抄本。林光宇著，曹學佺選。不分卷。

韓氏手贊曰：「寫《林子真》已而作贊曰：聞明六説，林子真詩；能用新調，刻出苦思。其板散失，善本已稀。遂從李借，得手書之。榕庵居士韓錫晉之。」

臞翁詩集二卷

舊抄本。宋敖陶孫器之撰。藏章有「燕越胡蕘邨氏藏書印」白文方印。

高東溪文集二卷附録一卷

舊抄本。林希元序。標題次行列「次崖閩銀同林希元茂貞編」一行，「卓峯江金谿黄直以方校正」一行。末有「戊子夏日抄」五字。下鈐「何錫衮印」白文、「章九」朱文二方印，或即抄書人印章。藏章有「淩雲」朱文橢圓印，「風急雁行□」朱文長方印，「志古」白文小圓印，「海雁天魚」朱文、「踏□華景聽松風」朱文、「許氏竹隱」朱白文三方印。

張氏手跋曰：「曩歲江陰繆少薇嘗以舊抄本《高東溪集》見示，上書一卷、雜文二卷、詞一卷、表啓一卷、附録一卷，凡作七卷，然統計不及六十葉，屑屑分卷，疑非原本，中間脱誤甚夥，姑置之。後於湖估處借得一本，衹分二卷，較五卷本稍完善，賴以校正脱誤數處，其空缺不能悉補也。適錢鼎卿廣文補刻《藝海珠塵》，編入壬集。今歲秋，韓緑卿中翰復以藏本（賑）［眎］余，亦即二卷本，而前缺林希元序末三十字及黄直序，後缺《漳州志》本傳一條及徐興公、宋葆淳兩跋，脱誤處及空缺亦更多於五卷本，然亦有此本不誤而五卷本誤者。既詳校於《藝海》刻本，復識其概於此。南匯張文虎。」

甘白先生文集六卷

就堂和尚手抄本。每半葉九行，每行二十二字，單綫，墨匡，板口有「就堂藏書」四字。抄寫甚精。藏章有「文瑞樓」白文、「結社溪山」朱文、「家在黄山白岳之間」白文、「我思古人實獲我心」白文、「當怒讀則喜當病讀則痊」朱文五方印，「金星軺藏書記」朱文、「能忍自安知足長樂」朱文二長方印。

睫巢集不分卷二册

舊抄本〔一〕。藏章有「鍇印」白文、「盤陰老樵」白文、「焦明子」白文三方印，「周菊人藏」朱文長方印。

校注

〔一〕此本今藏上海圖書館，《中國古籍善本書目》著録爲手稿本。

情味集五卷

康熙刊本。某氏過録馮行賢批本。四卷末有割裂處，並補録第五卷，康熙丙寅趙徵介前序原稱四卷，知當時未刻第五卷也。

韓氏手跋曰：「四卷末挖去紙塊蓋臨批者自記姓名年月也。戊午五月下旬得之蘇州鄴餘堂書友邱姓，價三百文。予作四卷〔一〕，末附録一卷作爲第五卷，蓋刊時衹得四卷，校者别見補録入之耳。」

校注

〔一〕「予」疑當作「序」。

玉臺新詠十卷

明趙靈均覆宋陳玉父本。徐陵自序。標題次行及卷首標題次行皆結銜「陳尚書左僕射太子少傅東海徐陵字孝穆撰」。每卷首皆冠以目録，卷末有嘉定乙亥永嘉陳玉父後敘。每半葉十五行，行三十字，單邊，黑綫口。藏章有「珊瑚閣珍藏印」朱文、「武叔」白文二長方印，「馮開光」白文、「元和顧麟士之章」白文、「病禪曾讀」朱文、「曾藏王氏吹徹玉笙樓」白文、「勾吴曹氏收藏金石書畫之印」白文五方印。卷末有墨書數行云：「光緒庚子，常熟張鴻吴、曹元範曾於濟南假讀滇南蕭氏所藏本，此爲第二，可稱雙絶。光緒己亥二月，鎮洋姚鵬圖假觀題記歲月。」下鈐「姚」字朱文小方印。又一行書「吴興毛氏祖珍觀」七字，下鈐「毛」字白文小方印。

古文苑註殘本四卷

宋槧宋印本。每半葉十行，每行二十字，小注同，單綫，白口，板心有刻工姓名。高六寸六分，廣四寸九分。

黄氏手跋曰：「宋本《古文苑》有註本，向於小讀書堆見之，亦不全本也。抱沖作古，此書欲一見不可得矣。此四卷奇零之本，比諸空山落葉行將付燒茶鐺矣，不知何人拾來皮之五硯樓頭，人去雜諸破紙堆中，塵封蟻蝕，又落第二劫了。余因檢出，排比卷數，僅存四十七番，命工洗滌塵痕，黏補蟻孔，居然古色古香溢於楮墨間。後之讀之，不復以不全本弁髦視之，則此書幸甚，余亦重裝此書者幸甚，而向之收拾此書者益幸甚。辛未小春望後一日，復翁書於百宋一廛。」

又跋曰：「世之最不易得而又最易失者莫如古書，而又莫如古書之殘者。其故安在？古書必貴，人必寶守不輕棄，此不易得也。貴者人不樂收，輒以價昂中止，苟知其可貴而購求之，爲財物所動，此又易失也。余謂古書之殘者更甚。全不可得，得其殘者以爲寶，此不易得也。全既難得，而得者究不全，遂輕視之，此又易失也。予何以爲是説哉？予收藏歷四十餘年，備歷此中得失甘苦之境。全者業以財物所動輒贈他人，殘者又復忽得忽失，蓋楚人亡弓楚人得之，苟知其可寶而寶之，我得耶，我失耶？亦視其人之何如耳。抱沖、壽階皆先我而逝，或二十年或十年，其書之全與不全本盡皆散佚。我後死，而得失之念擾擾於中，有既得而復失者，有失此而得彼者。即以近日，有琴川友人至蘇郡訪書，於抱沖、壽階故物愛如珍寶，抱沖之九家注《杜詩》、壽階之《陳后山詩注》，一鱗片甲，皆挈以歸，物得其主，我失也何有？此本《古文苑》有註本，經兩家儲藏，無一人賞識，燕石自寶，其將與我爲終古乎？然則余於二人之交好，藉一書爲千古，亦可自慰，並慰抱沖、壽階矣。道光四年甲申四月二十四日晨起，坐百宋一廛燒燭書。」

又跋曰：「余向屬錢塘陳曼生作《藏書四友圖》，四友中抱沖已作古三年，所存者三人耳。三人者何？香巖也，壽階也，余也。圖之作在己未冬，既而己巳秋壽階死，庚辰夏香巖死，書亦漸化爲煙雲矣。近日余去書以收書，而香巖之書亦復有爲余收者，如蜀大字本之《禮記・月令》、越州密行本之劉昫《唐書》，皆殘宋本。案頭珍玩，聊一寓目，苟得其人，無不可如前所得之轉移。漫記於此，以當雪泥鴻爪云。蕘夫。」

西漢文鑑廿一卷東漢文鑑二十卷

明刊本[一]。宋陳鑑編。有端平甲午自序。按此書收入《藏書志》，云宋石壁野人陳鑑編。據鑑自序，所著有《漢唐史節》、《漢唐文鑑》。今《史節》及《唐文鑑》俱佚，是書僅有傳本，亦希見之書也。缺《西漢》八卷之第七、第八兩葉，十卷第十葉下，十二卷第五葉，十五卷第十三、十五兩葉，十六卷末葉前半葉，十七卷末葉前半葉，《東漢》四卷第七、第八兩葉，六卷第七、第八兩葉，十五卷末葉前半葉。

韓氏手跋曰：「按《西漢文鑑》、《東漢文鑑》，《絳雲樓》皆宋板，不著卷數、撰人；《傳是樓》卷數各同此，《西漢》撰人以爲明陳鑑；《天一閣》總四十一卷，亦以爲明陳鑑，並以爲弘治十五年邵寶序；《寶文堂》亦不著卷數、撰人，惟稱閩舊刻；至《敏求記》、《千頃堂》、《浙江採遺目》皆不録；《藏書志》卷數亦各同此，稱明刊本，宋石壁野人陳鑑編。如使《傳是樓》、《天一閣》以爲明人撰者另爲一書，何以卷數及人姓名皆同？如以爲即是一書，惟陳鑑實係明人，其作宋者乃書賈僞爲以炫異，則陳自序已端平紀年，而漢唐三史特節取其要者以爲場屋計[二]，則明代科舉又未聞以三史也。且《絳雲》東漢、西漢宋板《文鑑》之後即列宋板《唐文鑑》[三]，又似即陳氏纂編三史之全。愚竊以爲陳氏係宋人，其作明者乃書賈僞爲以炫異者耳。書此以質諸世之爲目録之學者。應陛。」

校注

〔一〕此本今藏臺灣「國家圖書館」，著録爲明建陽劉弘毅慎獨齋刻抄配本。

〔二〕「者」，鄒稿脱，據原本補。

〔三〕「絳雲」後鄒稿衍「樓」，今據原本删。

陶杜詩選

查岐昌藥師選。此爲其手抄本，卷首有查序。詩一百二首，不分卷。朱墨筆圈點，上方間有朱筆註語。士禮居題書衣云「查藥師手抄陶杜詩選」。藏章有「士禮居藏」朱文八分書長方印，「士禮居」、「平江黄氏圖書」朱文二方印。

黄氏手跋曰：「嘉慶庚辰春，書坊收得海寧許氏散出之書，大抵皆零星小帙，而索直頗昂。余因以家刻書易得幾種，此抄録《陶靖節詩選》、《杜文貞律詩選》其一也。其標題『後學查岐昌藥師編輯』者爲《陶詩》，卷端序云『於崇明縣齋讀公詩』；其標題『後學查岐昌偶抄』者爲《杜詩》，卷端敘云『先太史授以杜律』。是爲海寧查氏之裔，特不知太史爲何人，而崇明縣齋是其治所否也。後晤沈九子逸，方悉藥師乃初白之孫，以孝廉而爲縣令者，且書法亦甚佳，特以質之，果藥師手録本，因著其世系行迹如此。復翁。」起首鈐「千頃陂」朱文長方印，末鈐「丕烈」朱文方印。

又跋曰：「余生平酷愛陶詩，既收得兩宋本藏諸一室，名曰陶陶室，後輙贈人。又收得一宋本，改顔曰陶復齋。此册查藥師手寫《陶詩選》後附《杜詩》者，余絶愛其筆迹，因收之而重爲裝池並記。庚辰秋，復翁。」起首鈐「見燭」朱文方印，末鈐「黄印丕烈」白文方印。

又跋曰：「近日書直昂貴，苟有舊本出，無論刻抄，每册動以番餅論價。此一册亦索直半餅，余故以書相易，及付裝池，又費青蚨二百餘文，此書幾七折制錢一金矣，後人勿輕視之。余得時有座客斥爲故紙者，因書此解嘲云爾。復翁。」下鈐「復翁」朱文方印。

又跋曰：「此余案頭展玩之書也。百宋一廛堆積如山，每遇歲除，命兒孫輩整理一次，亂者始整齊之。及余索此不得，問長孫秉剛，知已什襲而藏之矣。蓋見余重爲藥師手跡，重爲裝潢，且屢跋不一跋焉，故重之也，其識見勝於前客多矣。道光壬申中秋重展，蕘夫記。」下鈐「黄印丕烈」白文方印。

又跋曰：「裝成展讀，因腦頭狹小，殊不耐觀，復命工易紙覆襯接腦，始可開展，又費青蚨二星，前客嘲笑當益甚矣。復翁。」

三孔先生清江文集三十卷

舊抄本。宋孔文仲、武仲、平仲撰。周必大序。每半葉九行，行十八字。藏章有「天都鮑氏困學齋圖籍」朱文方印〔一〕。

校注

〔一〕「困」，鄒稿誤作「困」，今逕改。按困學齋爲鮑廷博齋名之一。

後村千家詩二十二卷

曹楝亭刊本。有「小蓮居士戈襄」白文方印。

聲畫録八卷

楝亭刊本。有「小蓮居士戈襄」白文、「臣印戈載」白文、「順卿」朱文三方印。

宋詩七言古選一卷

舊抄本。宋歐陽修編。卷中有不署名朱筆評語。藏章有「翁春之印」白文、「賞雨茅屋」朱文、「朱印子鄂」白文、「南武經生」白文四方印。

宋文鑑一百五十卷

宋槧元修本。宋呂祖謙撰。每半葉十三行，行二十一字，黑口。凡作「皇朝文鑑」、「聖宋文鑑」，元修時或鏟去「皇朝」、「聖宋」二字，有空白不補者，有補一「宋」字而仍空一格者，皆宋刊也。藏章有「古香齋姚氏藏」朱文、「瓠菴吴氏珍藏」白文、「書藏」白文、「世貽清白」朱文、「顧印如晉」白文、「受茲氏」白文六方印（二），「蓮壑」朱文小橢圓印。

顧氏手跋曰：「予讀經史之暇，心竊慕得古文辭而玩焉。又慮篇（帖）［帙］浩繁，不能盡覽，求古删訂彙輯以成一代文章者取而誦之，是古人爲其難而我取其易，用力約而鑒考博也，是可尚也。《文選》而下，有若唐之《文粹》、宋之《文鑑》、元之《文類》。《文類》無足觀，而《文粹》、《文鑑》皆有玩咏。第《文粹》世多佳刻，獨《文鑑》無善本，蒐訪數年，幸得是册，方慶鄙訪之既遂，又安論板之美惡乎？ 己丑臘月前十日，虎谿人顧如晉跋《宋文鑑》卷首。」下鈐「如晉」朱文聯珠印，起首鈐「竹塢」朱文方印。

校注

〔一〕「六」，鄒稿誤作「七」，今逕改。

月泉吟社一卷

舊抄本。宋吴渭撰。明正德十年水南田汝耔敘。

宋四家四六不分卷

宋槧宋印本。每半葉十行，行十九字，雙邊，細黑綫口，板心上間有字數，魚尾下刊有書名。共六册。第一、二兩册爲壺山，第三、四兩册爲臞軒，第五册爲巽齋，第六册爲後邨，均不冠姓。刻印極佳，宋諱無缺筆者，以嚴格推論，或爲元刊本。查《四庫簡明目》云「不著撰人姓氏。南宋中葉號『壺山』者凡四人，以其《除福建漕司謝喬平章啓》考之，似當爲方大琮作，而大琮集中又不載，豈其族孫良永等撮拾遺文之時偶未見歟？ 疑以傳疑，姑置於大琮集後」云云。前後鈐有汲古毛氏諸印，每册首尾及卷中有「古虞毛氏奏叔圖書記」朱文、「汲古主人」朱文、「毛表私印」白文、「汲古主人」朱文、「毛表之印」白文、「毛表之印」白文、「毛表之印」朱文、「毛奏叔」朱文、「汲古後人」白文九方印。

段氏二妙集遯菴六卷菊軒五卷

知不足齋抄本。卷末有「嘉慶十三年歲在戊辰閏月下旬歙西長塘鮑氏知不足齋抄傳」二十五字。藏章有「青煙紅雨山房」朱文橢圓印，「釣水樵山耕雲讀雪酌酒看花唫風弄月」朱文、「長劍倚天外」朱文二方印。

韓氏手記曰：「按《讀書敏求記》尺鳧抄本及刻本皆作《段氏二妙集》八卷，此共得十一卷，是係分合異否，抑彼非足本也。七月四日。」

大雅集八卷

舊抄本。元天台賴良輯，會稽楊維楨評點。周慶承手校。

周氏手跋曰：「《大雅集》八卷，借閱於李南澗氏，先君子屬盛衡南表叔影録之未竟，而先君疾革辭世矣。承不肖，竊繼先人之志手自校閱，凡是正者四十餘條，悉以朱書小字標於上而不抹本文，蓋從先人校書之例也。其不知者不敢臆斷，仍闕之以待知者。是書賴善卿編次，楊鐵崖顔之曰『大雅』。余讀其詩，多慷慨激昂、憫時嫉世之作，蓋元季遺老思舊君、感時政，故刺譏不免焉。然而怨悱不亂，其殆《小雅》之遺音歟。乾隆辛丑九月下浣，步顛周慶承記。」

皇明詩選二十卷

明洪武刊本。有洪武三十年歲丁丑正月望日建安曹孔章題，楚府紀善雋李貝季翔序，二序次敘詩人姓名，皆元末時人。卷首標題後有列銜「吴興沈巽士偁編集」一行、「文林郎前太常典簿吴郡顧禄謹中校選」一行，二十卷後附張羽《筆對》一篇。每半葉十三行，行二十字，雙邊，黑口。

岳陽古集一卷

明萬曆甲戌王延刻。有王延序。標題後列「磐溪王延重編」一行、「玄華劉希唐校正」一行。後有萬曆二年劉希唐序。藏章有「隨處體認」白文方印。

滕王閣集十卷

明刊本。有「黄印丕烈」、「蕘圃」朱文二方印。

竹翁美合集六卷

朱竹垞手抄本。卷末有蕘翁手記。通計六卷，存七十番八字。有朱筆校字，不署名。藏章有「連理桂枝軒」白文、「金氏雲莊」朱文二方印。

黄氏手跋曰：「是書出平湖估人，不知誰氏物。卷端有二印，内一印云『金氏雲莊』，則桐鄉故藏書家也，一字謂嚴，嘗見其所藏多宋、元精抄本，此亦出伊家舊儲，因素所珍重者也。世代遷移，神物幻化，有可感者，猶留一姓名圖記供後人摩挲賞玩，非不幸中之幸與！蕘夫。」

又跋曰：「從來讀書人筆墨，不必其書法之果佳也，一出於手稿則靡不珍之，蓋物以人重之故。竹垞翁八分書楹帖真者絶少，人多以(膺)[贋]當之，苟獲其真，勝如拱璧矣。予楹帖絶無，而手抄書間有一二，亦不能全是親筆。向收《笛漁小藁》稿本，中有竹翁割入五言排律一首，是其手書。又《長安志》托友傳録，而竹翁爲之補定，且有一促其速抄之札。托友傳録雖促之，仍寓婉言相商，亦可見古人風雅所存已。唯此乃其手藁，取古來唱酬之作，自一、二人以至衆人，彙而録之，『美合』云者，蓋取兩美必合之意云爾。平湖估人有書一單，或刻或抄，必著原委，而此册以竹坨手抄致索重直。予却能識之，不嫌其中有殘缺也。猶憶故友陶君筠椒藏有《明詩綜》草藁，視如珍寶，予謂此猶有刻本存也。若此《美合集》，得未曾有，想竹翁自出新意，創爲此集，而卒未成，故世無傳焉。置諸案席，俾古來衆美畢陳，省得搜羅羣籍，條縷出之，其勞逸爲何如耶？旁觀者或竊笑之，而予則自以爲特識，以實估人傳述之言也。估人云，平湖頗有好書者，評論一過，故敢以爲竹坨真迹。噫，可爲知者道，難與俗人言，即一書籍而識與不識，有天淵之判云。道光甲申閏七月初一日，老蕘記。」

又跋曰：「越月至季冬，有一識古者欲取李東陽行書一軸相易此軸，若論銷價，估值朱提一斤，可見余賞鑒爲不虚也。見復生又記。」

又跋曰：「道光乙酉之春，予有滂喜園書籍鋪之設，老友胡茂塘佐理其事，暇日則以書籍付裝。兹集首不知缺失幾葉，姑以一紙留空，蓋《式微》一詩已前文已佚也。其中失尾一處，破損幾處，皆可從原文補全。然所重在竹坨手跡，手跡既失，未容妄補，識者當亦知之。裝成時爲五月十一日，予年六十三生日也。蕘夫。」

何義門選詩一卷

六行堂邵氏手抄本，並度何批。末有朱筆手記云：「義門師選本也，從同年蔣子遵抄爲一帙。時乙巳六月下浣，泰記。」下有「邵泰」朱文聯珠印。藏章有「六行堂藏書記」朱文長方印，「城南老史」朱文、「六行堂邵氏藏書印記」白文二方印。

歲寒堂詩話一卷

汲古閣影宋抄本。宋絳郡人張戒撰。藏章有「子晉」、「汲古主人」朱文二方印，「士禮居藏」八分書朱文長方印，「黄丕烈印」、「蕘圃」朱文二方印。

碧溪詩話十卷

舊抄本。宋黄徹撰。有竹垞跋，審非手迹。藏章有「潢川吴氏收藏圖書」朱文方印。

朱氏跋語曰：「《碧溪詩話》十卷，宋黄常明撰。《書録解題》謂是莆田人，而《八閩通志》則云邵武人，舉紹興十五年進士，蓋家本莆田而占籍邵武者也。編中持論多本少陵。自言官辰、沅逾年，顧志州郡官師者不載姓氏，集亦失傳。其《送弟詩》句云：『就舍勿令人避席，渡江莫與馬同船』，語淺情真，不失風雅之旨矣。秀水朱彝尊竹垞書。」

四六談麈一卷王公四六話二卷

雲谷山堂抄本。宋謝汲撰。自序。《王公四六話》[一]，宋王銍序。

校注

〔一〕 鄒稿脱「話」，今逕補。

梅磵詩話三卷

宋吴興韋居安著。明袁表家抄本。每半葉十行，每行十九字〔二〕。每篇首皆高擡一字。卷末有袁表手志曰：「嘉靖戊申七月十九日，委門僕葛會摹之齋中備覽。汝南袁表志。」下鈐「天中山人」朱文方印。末有「曹虚舟查准六十六葉」九字。藏章有「袁陶齋」朱文、「峨嵋山人收藏圖書記」朱文、「荷華館」朱文、「東吴毛氏圖書」朱文四長方印，「瀛洲仙史」白文、「顧飛卿印」朱文、「一龍」朱文、「邵廉私印」白文、「我齋」白文、「汲古閣」朱文、「毛晉之印」朱文、「子晉書印」朱文、「毛晉私印」朱文、「毛氏子晉」朱文、「吴越王裔」白文、「平江黄氏圖書」朱文十二方印。

顧氏手跋曰：「韋居安號梅磵，宋末時人。所作《詩話》記宋室諸公爲多，其間頗有異聞，非近世雷同勦説之比。癸酉歲晚，越賈持售，收而藏之。二酉山人吴會飛卿識。」

韓氏手跋曰：「《梅磵詩話》三卷，嘉靖戊申年汝南袁表齋中抄本。上卷第七葉晁文元一條末墨筆『磨字勝撥字』五字，是袁表手書。自下斷語『戊申』，係嘉靖二十七年。另條識語署『飛卿』字者紀年『癸酉』，疑係萬曆元年。飛卿姓顧，起有『顧飛卿印』四字朱文章。又有『瀛洲仙史』印，觀其印色、位置，當出一手。識語下亦有此印，應係翰苑中人。旁又有『一龍』陽文印，印色亦相似，一龍是名，則飛卿當是號也。咸豐戊午七月朔日識。韓應陛。」

又跋曰：「曾見顧手抄《廣川書跋》，連用『峨嵋山人』、『瀛洲仙史』二印，與此無二，印色亦同，可無疑矣。九月十三日。」

校注

〔一〕此本今藏中國國家圖書館，該館作明嘉靖二十七年葛會抄本，每半葉十行，每行二十字。

娛書堂詩話四卷

明抄本。宋趙與虤撰。藏章有「子晉」朱文、「汲古主人」朱文、「平江黄氏圖書」朱文三方印，「士禮居藏」朱文長方印。

麓堂詩話一卷

明刊本。遼陽王鐸序，後有族子嘉望拉淚謹書於瞻麓軒中序、嘉靖改元仲冬之吉長沙晚學朱鷺序。每半葉八行，行十八字。藏章有「虞山錢純孝修氏原名興祖」朱文、「興祖」朱文、「孝修」朱文三方印。

歸田詩話三卷

明成化刊本。明錢塘瞿佑宗吉著。每半葉十一行，每行二十二字，雙綫，黑口。藏章有「語古」白文、「花間竹下」朱文、「臣枝」朱白文、「不事元後人」朱文、「土風清嘉」白文、「杜宇一聲春曉」白文、「皆大歡喜」白文、「文水道人」朱文八方印。

黄氏手跋曰：「瞿宗吉《歸田詩話》已刻入《知不足齋叢書》中，而舊刻曾見之郡故家，因通體朱筆點污，又索重直，未之收。去春遊玄妙觀前，於冷攤獲此，印雖不如前所見本，而未經塗抹，兼爲義門先生舊藏，遂攜歸。久未給價，昨始與家刻書易成。閒窗無事，檢案頭書及此，因題於卷首。前所見本如尚在，當兼蓄之，蓋彼猶初印無漫滅處也。壬申端陽後一日，半恕道人識。」

珠玉詞一卷

明抄本。晏殊撰。每半葉八行，行十四字。藏章有「士禮居藏」朱文長方印，「黄印丕烈」朱文、「蕘圃」朱文二方印。

張子野詞一卷

明抄本。張先著。卷末有墨書三行云「尚書郎張先子野善著詞，有云『雲破月來花弄影』、『簾幕卷花影』、『墮輕絮無影』，世稱誦云『張三影』」。右出《劉后山居士詩話》」四十五字，不署名。藏章有「李琳」朱白文、「每愛奇書手自抄」朱文二方印。

淮海居士長短句三卷

明抄藍格本。每半葉十一行，每行二十八字。士禮居以朱墨校宋本。藏章有「春暉堂」白文、「平江黄氏圖書」朱文、「蕘圃手校」朱文、「復翁」白文、「黄印丕烈」朱文、「蕘圃」朱文六方印。

黄氏手跋曰：「嘉慶庚午人日，書客以江鄭堂舊藏諸本一單見遺，惟殘宋刻《淮海居士長短句》最佳，因手校此，餘舊抄未校入也。」

又跋曰：「《淮海居士前集》四十卷《後集》六卷，宋刻本藏錫山秦氏，余從孫平叔借校，此甲子年事也。頃偶憶及全集中不知有詞與否，因檢校本核之，彼第有詩文，不收詞，可見殘宋《淮海居士長短句》蓋專刻矣。甲戌二月三十日春分節，復翁記。時已斷九，寒猶未消，狂風震屋，密霰打窗。吴諺云『拗春冷』，今年更甚。」

燕喜詞一卷

舊抄本。宋曹宗臣撰。每半葉八行，行十八字。蕘翁署書衣。藏章有「士禮居藏」朱文長方印，「黄印丕烈」、「蕘圃」、「平江黄氏圖書」朱文三方印。

韓氏手跋曰：「曹宗臣詞，朱竹翁未曾見過，見《詞綜·發凡》。惟彼自作《燕喜集》耳，想偶然筆誤也。咸豐戊午六月十四日，韓應陛記。」

又跋曰：「已録入《詞綜續補·人卷》内，凡八首。不觀全書輕易下筆，鮮不致誤，如是如是。」

龍洲詞二卷

舊抄本。劉過撰。

烘堂詞一卷

舊抄本。醜齋盧炳叔易撰。有目，無序。藏章有「虞山陸袠冶先氏之印」白文、「清暉館」白文二長方印，「以燕」朱文、「孫祖詒印」白文、「祖詒私印」白文、「六麐」朱文、「陸貽裘」白文、「黄印丕烈」朱文、「蕘圃」朱文七方印〔二〕。

校注

〔二〕 鄒稿誤「七」作「八」，今逕改。

審齋詞一卷

舊抄本。東平王千秋錫老撰。梁文恭序。藏章有「冶先」朱文、「臣裘」白文二方印。

壽域詞一卷

舊抄本。京兆杜安世壽域撰。有目，無序。

知稼翁詞一卷 以上四種合裝一册

舊抄本。黄公度師憲撰。卷首有錢遵王墨書二行云「戊午又三月十四日，述古主人錢遵王讐對一過，補録闕文」二十三字。

弁陽老人詞一卷

舊抄本。宋周密撰。鮑淥飲手校本。每半葉十行，每行二十字，板心下刊有「芷蘭之室」四字。末有過録毛扆識語云：「甲子仲夏，借崑山葉氏舊録本影寫，用家藏《草窗詞》參校。毛扆識。」又識云：「《西湖十景詞》（響）〔嚮〕缺末二首，偶閲《錢塘志》中載公謹三首，所缺者恰有之，亟命兒抄補，其餘脱落處，未識今生得見全本否也。己巳端午前一日烖又識。」藏章有「老屋三間賜書萬卷」朱文、「歙西長塘鮑氏知不足齋藏書印」朱文、「錢江何氏夢華館藏」朱文三方印。

宋金人詞十種五册

汲古閣精抄本。凡《初寮詞》一卷，王安中履道撰；《空洞詞》一卷，洪瑹叔璵撰；《知稼翁詞》一卷，黄公度師憲撰。前有結銜「奉議郎新知靜江府義寧縣主管勸農公事賜緋魚袋曾丰序」（上合一册）。《竹屋癡語》一卷，目稱《竹屋詞》，高觀國賓王撰；又《僑菴詩餘》一卷，盧陵李楨昌祺撰（上合一册）。《和石湖詞》一卷，卷首標題，次行「吴郡范成大至能」，三行「東吴陳三聘夢弜」，卷末有東吴陳三聘夢弜後敘，又附録《北樂府》一卷（上合一册）。《菊軒樂府》一卷，河東段成己誠之撰；《東浦詞》一卷，韓玉温甫撰（上合一册）。《渭川居士詞》一卷，吕勝己季克撰。一册。每卷首冠以目録，凡子目及題詞皆低三格。每半葉十行，行十八字，每葉板心下有「汲古閣」三字。每册首有「毛晉之印」朱文、「毛氏子晉」朱文、「黄印丕烈」朱文、「蕘圃」朱文四方印，每卷末有「平江黄氏圖書」朱文方印。

詞選

舊抄本。不分卷。藏章有「白石山樵藏書記」白文長方印，「李鑑之印」白文、「明古」白文、「黄印丕烈」朱文、「蕘圃」朱文、「平江黄氏圖書」朱文五方印。

黄氏手跋曰：「詞之專集，出《六十家詞》外者不下數十種，可云富矣，何取乎《詞選》爲耶？此册與諸書總收，故所在録。書僅卅二番，中有闕失。首脱作者姓字，文不全，無可考見者一葉。已下董鑑二葉，後缺。丘密五葉，李處全四葉，後缺。郭應祥四葉，姚述堯二葉，劉學箕五葉，吴琚二葉，盧曾臯二葉，後缺。京鏜二葉，後缺。最後失作者姓字，無可考見者三葉。取其書寫甚有筆致，非尋常抄胥可比。末有『白石山樵藏書記』，不知誰何。李鑑明古，亦聞人也。癸酉四月九日記。復翁。」

又跋曰：「余初見此書，謂書估曰，此書是葉石君手書。蓋余所見他書多如是也。然石君時代未細考，不知與竹垞翁同時否？書中有引《詞綜》語，必康熙間人也，當考之。又記。」

梅苑十卷

曹楝亭刊本。何小山手校。有「楝亭藏書」朱文方印、「時于此中得少佳趣」朱文長方印。

梅苑十卷

曹楝亭刊本。戈順卿手校。藏章有「小蓮居士戈襄」白文、「戈載手校」白文、「臣印戈載」白文、「順卿」朱文四方印。

戈氏手跋曰：「道光己酉八月四日，有可疑處，以意校之，即注於上。它日當將見於别本者覆勘，或可再正其誤也。戈載識。」

渚山堂詞話三卷

明嘉靖刊本。陳霆自序。藏章有「杜印汝楝」朱文、「名家莫□杜陵人」白文二方印。

南詞敘録一卷

舊抄本。明徐渭撰。卷中有不署名朱筆按記。末有一行云：「右徐文長《南詞敘録》十一頁。」檢卷中按語，有稱「遵王」云云者。藏章有「天都山樵」白文長方印、「平江黄氏圖書」朱文方印。